本书为国家社科基金项目"新媒体环境下中国参与建构全球媒介伦理的路径研究"（项目批准号：15BXW070）的研究成果

喻园新闻传播学者论丛

新闻伦理规范的建构
基于中外的经验

THE CONSTRUCTION OF NEWS ETHICS NORMS

BASED ON CHINESE AND FOREIGN EXPERIENCES

牛 静 著

社会科学文献出版社

SOCIAL SCIENCES ACADEMIC PRESS (CHINA)

总　序

　　置身于全球化、媒介化的当下，我们深刻感受与体验着时时刻刻被潮水般的信息所包围、裹挟和影响的日常。这是一个新兴的信息技术快速变革和全面应用的时代，媒介技术持续地、全方位地形塑着人类社会信息传播实践的样貌。可以说，新闻传播的形态、业态和生态，在相当程度上被信息技术所决定和塑造。"物换星移几度秋"，信息技术的迭代如此之快，我们甚至已经难以想象，明天的媒体将呈现什么样的面貌，未来的人们将如何进行相互交流。

　　华中科技大学的新闻传播学科，就是在全球科技革命浪潮高涨的背景下开设的，也是在学校所拥有的以信息科学为代表的众多理工类优势学科的滋养下发展和繁荣起来的。诚然，华中科技大学新闻与信息传播学院还是一个相对年轻的学院。1983 年 3 月，在学院的前身新闻系筹建之时，学校派秘书长姚启和教授参加全国新闻教育工作座谈会。会上，姚启和教授提出，时代的发展，尤其是科学技术的日新月异，将对新闻从业者的媒介技术思维、素养和技能提出比以往任何时代都高的要求。当年 9 月，我们的新闻系成立并开始招生。成立后，即确立了"文工交叉，应用见长"的发展思路，强调培养学生的动手能力和应用能力，强调在科学研究和人才培养中，充分与学校的优势理工类专业交叉渗透。

　　1998 年 4 月，新闻系升格为学院。和其他新闻传播学院的命名有所不同，我们的院名定为"新闻与信息传播学院"，增添了"信息"二字。这是由当时华中科技大学的前身华中理工大学的在任校长，也是教育部原部长周济院士所加的。他认为，要从更为广阔的视域来审视新闻与传播活动的过程和规律，尤其要注重从信息科学和技术的角度来透视人类传播现象，考察传播过程中信息技术与人和社会的关系。"日拱一卒，功不唐捐"。长期以来，这种思路被充分贯彻和落实到我院的学科规划、科学研究、人才培养、社会服务等各项工作中。

因此，华中科技大学新闻与信息传播学院的最大特色，就是我们自创立以来，一直秉承文工交叉融合发展的思路，在传统的人文学科和"人文学科+社会科学"新闻传播学科发展模式之外，倡导、创新和践行了一种全新的范式。在这种学科范式下，我们以"多研究些问题"的学术追求，开拓了以信息技术为起点来观察人类新闻传播现象的视界，建构了以媒介技术为坐标的新闻传播学科建设框架，确立了以"全能型""高素质""复合型""创新型"为指向的人才培养目标，建立了跨越人文社会科学、科学技术和新闻传播学的课程体系和师资队伍，营造了适合提升学生实践技能和科技素质的教学环境。

就学科方向而论，30多年来，学院在长期的学科凝练和规划实践中，形成了相对稳定的三大支柱性学科方向：新闻传播史论、新媒体和战略传播。在本学科于1983年创办之时，新闻传播史论即是明确的战略方向。该方向下的教学和研究工作主要包括：马克思主义新闻观与思想体系、新闻基础理论、新闻事业改革、中外新闻史、传播思想史、传播理论、新闻传播学研究方法等领域；在建制上则包括新闻学系和新闻学专业（2001年增设新闻评论方向），此后又设立了广播电视学系和广播电视学专业（另有播音与主持艺术专业）、新闻评论研究中心、马克思主义新闻观教研平台等系所平台。30多年来，在新闻传播史论方向下，学院尤为重视新闻事业和思想史的研究，特别是吴廷俊教授关于中国新闻事业史、张昆教授关于外国新闻事业史的研究，以及刘洁教授和唐海江教授关于新闻传播思想史、观念史和媒介史的研究，各成一家，卓然而立。

如果说新闻传播史论方向是本学科的立足之本，那么积极规划新媒体方向，则是本学科凸显自身特色的战略行动。20世纪90年代中期，互联网进入中国，"新媒体时代"正式开启。"不畏浮云遮望眼"，我们积极回应这一趋势，成功申报并获批国家社科基金重点项目"多媒体技术与新闻传播"（主持人系吴廷俊教授），在新闻学专业下开设网络新闻传播特色方向班，建立传播科技教研室和电子出版研究所，成立新闻与信息传播学院并聘请电子与信息工程系主任朱光喜教授为副院长。此后，学院不断推进和电子与信息工程系、计算机学院等工科院系的深度合作，并逐步向业界拓展。学院先后成立了传播学系，建设了广播电视与新媒体研究院、媒介技术与传播发展研究中心、华彩新媒体联合实验室、智能媒体与传播科学研究中心等面向未来的研究平台，以钟瑛教授、郭小平教授、余红教授和笔者为代表的学者，不断推进信息传播新技术、新媒体内容生产与文化、新媒体管理、现代传播体系建设、广播电视与数字媒体、新媒体广告与品牌传播等领域的研究和教学工作，引领我国新媒体教育教学和科学研究风气之先。

2005 年前后，依托于品牌传播研究所、广告学系、公共传播研究所等系所平台，学院逐步凝练和培育了一个新的战略性方向：战略传播。围绕这个方向，我们开始在政治传播、对外传播与公共外交、国家公共关系、国家传播战略、中国特色网络文化建设等诸领域发力，陆续获批系列国家课题，发表系列高水平论文，出版系列学术专著，对人才培养起到了积极支撑作用，促进了学院的社会服务工作，提升了本学科的影响力。可以说，战略传播方向是基于新媒体方向而成形和建设的。无论是关于政治传播、现代传播体系、对外传播与公共外交、国家传播战略方面的教学工作还是研究工作，皆立足于新媒体发展和广泛应用的现实背景和演变趋势。在具体工作中，对于战略传播方向的深入推进，则是充分融入了学校在公共管理、外国语言文学、社会学、中国语言文学、哲学等学科领域的学科资源，尤其注重与政府管理部门和业界机构的联合，最大限度整合资源，发挥协同优势。"既滋兰之九畹兮，又树蕙之百亩"。近年来，学院先后组建成立了国家传播战略研究院和中国故事创意传播研究院，张昆教授、陈先红教授等领衔的研究团队在提升本学科的社会影响力方面，起到了非常积极的作用。

"却顾所来径，苍苍横翠微。"本学科诞生于 20 世纪 80 年代初信息科技革命高涨的时代背景之下，其成长则依托于华中科技大学（1988～2000 年为华中理工大学）信息科学和人文社会科学的优势学科资源，规划了新闻传播史论、新媒体和战略传播三大支柱性学科方向，发展的基本思路是学科交叉融合。30 多年来，本学科的学者们前赴后继、薪火相传，从历史的、技术的、人文的、政策与应用的角度，观察、思考、研究和解读人类的新闻与传播实践活动，丰富了中外学界关于媒介传播的理论阐释，启发了转型中的中国新闻传播业关于媒介改革的思路，留下了极为丰厚和充满洞见的思想资源。

现在，摆在读者诸君面前的"喻园新闻传播学者论丛"，即是近十多年来，我院学者群体在这三大学科版图中留下的知识贡献。这套论丛，包括二十余位教授的自选集及相关著述。其中，有吴廷俊、张昆、申凡、赵振宇、石长顺、舒咏平、钟瑛、陈先红、刘洁、何志武、孙发友、欧阳明、余红、王溥、唐海江、郭小平、袁艳、李卫东、邓秀军、牛静等诸位教授的著述，共计30余部，涉及新闻传播史、媒介思想史、新闻理论、传播理论、新闻传播教育、政治传播、新媒体传播、品牌研究、公共关系理论、风险传播、媒体伦理与法规等诸多方向。可以说，这套丛书是华中科技大学新闻传播学者最近十年来，为新闻传播学术研究所做的知识贡献的集中展示。我们希望以这套丛书为媒介，在更广的学科领域和更大知识范畴的学者、学人之间进行交流探讨，为当代中国的新闻传播学术研究提供华中科技大学学者的智慧结晶和思想。

当今是一个新闻业和传播业大变革、大转折的时代，新闻传播业正在经历人类历史上"百年未有之大变局"。首先是信息科技革命的决定性影响。对当前和未来的新闻传播业来说，技术无疑是第一推动力。大数据、云计算、区块链、物联网、人工智能等技术，持续带来翻天覆地的变革，不断颠覆、刷新和重构人们的生活与想象。其次是国际化浪潮。当前的中国越来越走近世界舞台中央，"讲好中国故事""传播好中国声音"，中国文化"走出去"和提升文化软实力，是国家层面的重大战略，这些理应是新闻传播学者需要面对和研究的关键课题。最后是媒体业跨界发展。在当前"万物皆媒"的时代，媒体的概念在放大，越来越体现出网络化、数据化、移动化、智能化趋势。媒体行业的边界得到了极大拓展，正在进一步与金融、服务、政务、娱乐、财经、电商等行业建立更紧密的联系。在这个泛传播、泛媒体、泛内容的时代，新闻传播研究本身也需要加速蝶变、持续迭代，以介入和影响行业实践的能力彰显学术研究的价值。

　　由是观之，新闻传播学的理论预设、核心知识可能需要重新思考和建构。在此背景下，华中科技大学新闻传播学科正在深化"文工交叉，应用见长"的学科建设思路，倡导"面向未来、学科融合、主流意识、国际视野"的发展理念，积极推进多学科融合。所谓"多学科融合"，是紧密依托华中科技大学强大的信息学科、医科和人文社科优势，在新的时代条件下，以面向未来、多元包容和开放创新的姿态，通过内在逻辑和行动路径的重构，全方位、深度有机融合多学科的思维、理论和技术，促进学科建设和科学研究的效能提升和知识创新。

　　为学，如水上撑船，不可须臾放缓。展望未来，我们力图在传统的新闻传播史论、新媒体和战略传播三大支柱性学科方向架构的学术版图中，在积极回应信息科技革命、全球化发展和媒体行业跨界融合的过程中，进一步凝练、丰富、充实、拓展既有的学科优势与学术方向。具体来说，有如下三方面的思考。

　　其一，在新闻传播史论和新媒体两大方向之间，以更为宏大和开阔的思路，跨越学科壁垒，贯通科技与人文，在新闻传播的基础理论、历史和方法研究中融入政治学、社会学、语言学、公共管理学、经济学等学科的思维方式和理论资源，在更广阔的学科视域中观照人类新闻传播活动，丰富学科内涵。特别的，在"媒介与文明"的理论想象和阐释空间中，赋予这两大学术方向更大的活力和可能性，以推进基础研究的理论创新。

　　其二，在新媒体方向之下，及时敏锐地关注5G、人工智能、云计算、区块链等新兴技术日新月异的发展演变，以学校支持的重大学科平台建设计划"智能媒体与传播科学研究中心"为基础，聚焦当今和未来的信息传播新技术对人类传播实践和媒体行业的冲击、影响和塑造。在此过程中，一方面，充分发挥学校的计算机科学与技术、电子信息与通信、人工智能与自动化、光学与电子信息、网络空间安全等优势学科的力量，大力推进学科深度融合发展，拓展本学科的研究领域，充实科研力量，提高学术产能；另一方面，持续关注和追踪技术进步，积极保持与业界的对话和互动，通过学术研究的系列成果不断影响业界的思维与实践。

　　其三，在新媒体与战略传播两大方向之间，对接健康中国、生态保护、科技创新等重大战略，以健康传播、环境传播和科技传播等系列关联领域为纽带，充分借助学校在基础医学、临床医学、公共卫生、医药卫生管理、生命科学与技术、环境科学与工程、能源与动力工程等学科领域的优势，在多学科知识的有机融合中突破既有的学科边界，发掘培育新的学术增长点，产出标志性的学术成果，彰显成果的社会影响力和政策影响力。

1983~2019 年，本学科已走过 36 年艰辛探索和开拓奋进的峥嵘岁月，为人类的知识创造和中国新闻事业的改革发展贡献了难能可贵的思想与智慧。在人类的历史长河中，36 年的时间只是短短一瞬，但对于以学术为志业的学者们而言，则已然是毕生心智与心血的凝聚。对此，学院谨以这套丛书的出版为契机，向前辈学人们致以最崇高的敬意！同时，也以此来激励年轻的后辈学者与学生，要不忘初心，继续发扬先辈们优良的学术传统，在当今和未来的时代奋力书写更为辉煌的历史篇章！

"潮平两岸阔，风正一帆悬。"在技术进步、全球化发展和行业变革的当前，人类的新闻传播实践正处于革命性的转折点上，对于从事新闻传播学术研究的我们而言，这是令人激动的时代机遇。华中科技大学新闻传播学科将秉持"面向未来、学科融合、主流意识、国际视野"的思路，勇立科技革命和传播变革潮头，积极推进多学科融合，以融合思维促进学术研究和知识创新，彰显特色，矢志一流，为建设中国特色、世界一流的新闻传播学科，为我国新闻传播事业的改革发展，为人类社会的知识创造，为传承和创新中华文化做出应有的贡献！

张明新

华中科技大学新闻与信息传播学院教授、博士生导师、院长
2019 年 12 月于武昌喻园

前　言

　　近年来，笔者围绕着全球媒介伦理问题进行研究，翻译了近 100 个国家的百余篇媒介伦理规范，在此基础之上已完成了《全球媒体伦理规范译评》等专著。这些研究更多的是对世界各国媒体伦理规范的描述性翻译与梳理，并没有基于中西方的伦理思想进行媒体伦理规范建构。所以，笔者围绕新闻伦理这一领域，对中外伦理规范文本进行分析，从而寻求可以对话的空间与路径，主要探讨全球新闻伦理建构的理论基础、全球各国新闻伦理规范、基于儒家伦理的新闻伦理规范建构等诸多问题，形成了《新闻伦理规范的建构：基于中外的经验》一书。

　　本书从理论层面分析一种最低标准的伦理规范存在的可能性，继而围绕全球百余篇新闻伦理规范共通准则、中外新闻伦理规范对比、儒家伦理与新闻伦理等层面来探讨新闻伦理规范，提出 12 个方面的伦理原则，涉及媒体权利与责任、真实、消息来源等，形成了一份"全球新闻伦理规范"文本，从而回答了"全球新闻伦理规范的建构基于什么样的理论、建构出的规范可以是什么样的"这一问题。

　　《新闻伦理规范的建构：基于中外的经验》一书围绕全球新闻伦理的规范性条文进行分析，主要内容如下。

　　其一，在"新闻伦理研究现状及其对全球新闻伦理研究的启发"一章中，笔者对近年来新闻伦理研究情况进行内容分析，分析我国新闻伦理研究关注的焦点内容，回答其是否涉及全球新闻伦理这一议题，采用什么样的研究方法进行研究等，探讨现有的研究对于全球新闻伦理研究的启发。本研究使用量化与思辨相结合的研究方法，从国内外全球新闻伦理的规范层面入手进行研究，努力在全球新闻伦理这一领域深耕，形成体系。

这是具有创新性的。

其二，在"构建全球新闻伦理的困境与展望"一章中，笔者指出世界各国的连接依然紧密，社会依然需要具备全球意识和全球责任的新闻媒体，构建全球新闻伦理具有现实价值。构建全球新闻伦理面临着普遍主义理念难以回应道德特殊性、正义理念难以满足民族主义需求、东西方价值理念存在冲突等一系列问题。对此，研究者提出了虚拟世界主义理论、关怀伦理、对话伦理等路径，试图重新构建全球新闻伦理。这为后续研究者建构基于中国经验、东方话语的全球新闻伦理规范提供了理论支持。

其三，在"新闻伦理规范的共通准则和区域性准则之评述"一章中，笔者从全球的百余篇新闻伦理规范中归纳了新闻伦理规范的共通性准则，并指出尽管每个国家的媒体制度、文化习俗、国情国策存在差异，但是在一些基本的新闻伦理原则上，各国新闻伦理规范具有一定的共通之处，这为建构全球基本新闻伦理准则提供了现实可能性。笔者在这一章提出了十项具有共通性的新闻伦理规范。

其四，在"中外新闻伦理之对比分析"一章中，笔者从国内外新闻伦理规范产生的理论基础、新闻伦理规范的制定主体、国内外新闻伦理规范的共通性准则等方面进行分析，指出我国与世界各国共通的规范应成为我国建构新闻伦理规范时需要考虑的内容。

其五，在"中国传统伦理与新闻伦理规范的建构"一章中，笔者对儒家传统伦理中的"义""和""仁""诚""中庸""修身"等思想进行分析，认为其作为调整人与人、人与社会关系的伦理思想，也适用于新闻从业者的工作。儒家传统伦理中的规范可以推演至新闻从业者的为人处世中。该章在此基础上，提出了相应的新闻伦理规范。

其六，在"基于全球视野的新闻伦理规范的建构"一章中，笔者在尊重中国媒体特点及东方伦理传统的基础之上，建构可以为中西方所共享的全球新闻伦理准则。该章对本书第四、五、六章中提出的新闻伦理规范进行总结，形成一份"全球新闻伦理规范"文本，希望为新媒体环境下、全球化语境下我国新闻伦理规范的建构提供一种思路与方案。同时，该章对本研究的特点、创新点进行总结说明，并指出未来研究的可选择方向。

目前涉及"全球新闻伦理"这一领域的研究专著较少，论文更多地偏向于向读者介绍这个领域的概况，偏向于论述性的介绍。基于此，本书在新闻伦理规范的建构方面做了一点努力，将关注点聚焦在中西方新闻伦理规范的对比分析上，同时吸收了基于东方经验的传统伦理思想，并在此基础上建构有可能为中西方所共同认可的新闻伦理规范。

我国新闻伦理研究的重点领域是"伦理案例评析"，从理论与规范层面进行探讨的研究则相对较少，本研究在全球语境下提出新闻伦理规范，以新的视角研究新闻伦理，可以推动我国媒体伦理研究向纵深发展。在新闻伦理研究中，东方伦理及中国经验在建构全球新闻伦理过程中处于缺位状态，本研究全面考量东方及西方伦理资源，希望以此建构兼容东西方伦理思想的全球新闻伦理，这有助于我国新闻伦理研究与全球其他国家的研究进行对话。这也可视为对全球新闻伦理建构已有讨论的补充。

从数年前关注国内外新闻伦理，到如今对伦理规范文本进行反思，笔者一直希望可以将自己的所思所感表达出来。在思考与成文的过程中，笔者遇到诸多困难并努力解决。最后呈现的这份研究文本仍有不足，期待得到大家的指正。

目 录
CONTENTS

第一章　绪论

一　研究背景

媒体技术的变革，使新闻传播界面临巨大的挑战，我们需要在全球尺度下考量传播的实践与理念。因为在互联网世界中的各类消息和新闻可以迅速进入全球政治文化交往的复杂网络中，媒体的变革使"专业的封闭新闻伦理"转向"全球的开放新闻伦理"，这对传统的区域性新闻伦理提出了挑战。2015 年法国的《沙尔利周刊》事件即是一例，因刊载穆罕默德漫画，1 月 7 日该周刊总部遭到袭击，随着漫画的内容传播到土耳其、巴基斯坦、埃及、伊朗等国，这些国家也开始对该周刊进行批评和抗议。类似的事件还有丹麦《日德兰邮报》发布"穆罕默德的脸孔"漫画等。越来越多的此类事件表明：借助发达的信息传播技术，发生在一国的事情或之前仅在某一地区传播的新闻、节目等，都可以轻易传播至其他的国家、地区，而这些国家和地区与信息发出地可能有着截然不同的文化、政治、经济情况，这些信息很有可能使全球其他地方的接收者感觉到"被冒犯、被伤害、被侵犯"。所以，区域性的新闻伦理已无法适应新技术环境下的信息传播了。

新媒体技术使信息可以通达全球，这使世界各国不再只是作为"分散的文化"或"分散的政治共同体"存在，人类生活在一个"重叠的命运共同体"中，新闻伦理需要在新媒体环境下重新考量如何从之前基于印刷和广播技术的区域性新闻伦理转变为基于网络新技术的全球新闻伦理。

全球新闻伦理是一个新的、国际社会广泛关注的热点问题，其探讨的是在信息传播全球化语境下各类媒体所应遵循的相对统一的伦理标准。目前已有西方研究者提出了全球新闻伦理标准，以期规范各国新闻从业者，而我国在该领域一直处于失语境地。我国作为一个发展中大国，要想使传媒舆论占领国际舞台的道义制高点，就必须了解全球新闻伦理的话语，了解国际社会在该问题上的基本观点及其证明方式。因此研究建构全球新闻伦理规范具有重要的实践价值。

二 研究现状

国内研究者对该问题的研究处于起步阶段，主要是介绍西方成果而非进行本土化的建构，如对元伦理学、新闻伦理发展、建构路径等进行介绍。[①] 国外研究者对该问题的研究趋于成熟，其研究视角主要有以下三种。

其一，对全球新闻伦理的理论基础进行探讨。

斯蒂芬·J. A. 沃德（Stephen J. A. Ward）认为世界主义（cosmopolitanism）是其理论基础。[②] 吉莉安·布洛克（Gillian Brock）指出世界主义是指每个人，不管其公民身份和其他社会关系如何，都拥有作为道德关怀之终极单元的全球地位，因而都有资格获得同样的尊重与关心。[③] 查尔斯·泰勒（Charles Taylor）指出至少有三种"轴心式的"基本道德价值是每一种文化都具有的，它们是尊重他人和对他人的义务、对生命意义的充分理解、人的自我尊严。[④] 克利福德·G. 克利斯蒂安（Clifford G. Christians）指出有三种原则是作为原准则（protonorm）存在的，即人

---

① 纪莉、黄豫：《论国际传播中的全球新闻伦理的建构：思路与挑战》，《新闻大学》2014年第5期，第1~7页；曾明瑛：《论新媒体背景下的全球新闻伦理》，《西南大学学报》（社会科学版）2011年第S1期，第231~233页。

② S. J. A. Ward, *Ethics and the Media* (Cambridge: Cambridge University Press, 2011).

③ G. Brock, & H. Brighouse, "The political philosophy of cosmopolitanism," *European Journal of International Law* 19 (2005): 862-864.

④ C. Taylor, "Sources of the self: The making of the modern identity," *Journal of Modern History* 39 (1989).

类尊严、获知真理和非暴力，新闻伦理准则需要与原准则相一致，① 因为"我们必须为那些我们并不知道、和我们没有直接联系，但是和我们一起生活在地球上、我们的决定可以影响到他们的那些群体承担起责任"。②

其二，基于不同的伦理学路径探讨全球新闻伦理问题。

尼克·库德瑞（Nick Couldry）基于美德伦理对新闻伦理进行建构。他选择亚里士多德伦理学中的美德（good）作为依据，认为新闻伦理应该根植于美德伦理。③ 斯蒂芬·J. A. 沃德从契约伦理的视角对新闻伦理进行建构。他认为受全球新闻伦理指导的新闻工作者需要履行的是他们与多重社会群体之间的契约，而不仅仅是与地区性群体之间的契约。④ 莎肯塔拉·拉奥和赫尔曼·瓦瑟曼（Shakuntala Rao & Herman Wasserman）运用后殖民主义理论进行分析，认为规范伦理的思想必须根植于全球权力背景下的历史与政治脉络中，且认为全球新闻伦理的建构需要根植于非西方的情境中，才可以抵制西方霸权的价值观。⑤

其三，全球新闻伦理意识指导下的业务操作。

研究者指出全球新闻伦理需要从业者培养"世界性的想象力"和承担全球公民责任（斯蒂芬·J. A 沃德）。⑥ 马吉德·德黑兰尼（Majid Tehranian）提出了"和平记者十戒律"以促使新闻从业者理性报道冲突新闻。⑦ 卡利·威尔-约尔根森和默文·帕蒂（Karin Wahl-Jorgensen & Mervi Pantti）对传统报道方式提出了反思，指出新闻从业者在提供中立事实时，需要考虑世界四海一家的大同理念和全球情怀中对他人的同情伦

---

① Clifford G. Christians, "The ethics of being," in Stephen J. A. Ward, & Herman Wasserman, eds. , *Media Ethics beyond Border* (New York: Routledge, 2010).

② G. Brock, & H. Brighouse, "The political philosophy of cosmopolitanism," *European Journal of International Law* 19 (2005): 862−864.

③ N. Couldry, "Media ethics: Towards a framework for media producers and media consumers," in S. Ward, & H. Wasserman, eds. , *Media Ethics Beyond Borders: A Global Perspective* (New York: Routledge, 2008), pp.59−73.

④ S. J. A. Ward, *Global Media Ethics* (Oxford: Wiley-Blackwell, 2013).

⑤ S. Rao, & H. Wasserman, "Global media ethics revisited: A postcolonial critique," *Global Media & Communication* 3 (2007): 29−50.

⑥ S. J. A. Ward, *Ethics and the Media* (Cambridge: Cambridge University Press, 2011).

⑦ M. Tehranian, "Peace journalism negotiating global media ethics," *Harvard International Journal of Press/Politics* 7 (2002): 58−83.

理，应该富有同情心地呈现受害者的情况，从而使全球公众在阅读新闻时感同身受。①

如何审视与建构全球新闻伦理是一个系统、复杂的议题，各国研究者从世界主义、美德伦理、契约伦理等角度进行探讨，有助于我们跳出狭隘的地方框架，在更为广阔的全球化背景下审视媒介的伦理责任。然而，研究者们对该问题的研究是分散的而非系统的；对世界主义的论述较为宏观，而没有考量世界主义的流派及世界主义与民族主义的冲突等新闻伦理问题；更为重要的是，研究者们在讨论如何建构全球新闻伦理时缺乏东方伦理经验，中国的媒体经验及传统伦理并没有进入目前国际社会的讨论之列。

基于此，本研究首先分析新媒体对区域性新闻伦理的冲击，进而分析建构全球新闻伦理所面临的来自道德特殊性理念、东西方价值冲突等的挑战，随后结合中国传统伦理梳理不同的道德思考路径，在考察中外新闻伦理信条的基础上，提出与东方伦理、我国媒体经验兼容的新闻伦理原则。

三　研究方法与研究价值

本研究将哲学的逻辑分析法、社会科学的量化和质化研究方法相结合，综合运用内容分析法、逻辑分析法、比较研究法等进行研究。具体来说，第一，运用内容分析法对我国新闻伦理研究现状进行分析，从而探讨新闻伦理规范建构研究的空间。第二，运用逻辑分析法、比较法对虚拟世界主义理论、关怀伦理、对话伦理等与全球新闻伦理的关系进行研究，指出这些伦理对该研究的启示。

本研究的研究价值有三方面。

其一，本研究作为基础伦理研究，弥补了新闻伦理哲学研究中的不足。目前对新闻伦理失范的评析是相关研究的关注重点，不同的解读方式常得出大相径庭的结论，这是学者在新闻伦理哲学层面对媒体价值等概念缺乏统一认知所致。本研究分析梳理新闻伦理规范的原则性要求，从而为

---

① Karin Wahl Jorgensen, "The ethics of global disaster reporting: Journalistic witnessing and the challenge to objectivity," *Acta Científica Venezolana* 29 (2013): 530-534.

研究者解读新闻伦理现象提供理论基础。

其二，本研究将东方伦理、中国经验融合于全球新闻伦理的准则中，从而促进国际新闻伦理交流，助力我国媒体在伦理、政策、价值等方面与国际社会进行对话。

其三，全球新闻伦理是国际社会的热点问题，对该问题的解读可以成为我国媒体政策之合理性的话语基础。建构基于中国经验的全球新闻伦理标准，有助于我国与国际社会交流并获得媒体话语权，从而为传达中国声音、东方话语提供基础，这是本研究具有重要现实价值的原因。

总的来说，本研究所追求的并不是某种抽象的、形而上层面的、绝对统一的价值理想或道德乌托邦，而是具有现实操作之普遍道德合理性意义，可以为包括中国在内的全球媒体共享、接受和履行的普遍伦理准则。本研究是基于东方伦理及中国新闻伦理经验建构"最低限度""最起码""最大普遍化"的全球新闻伦理，寻求最低限度的道德共识正是为了使已达成的道德共识真正具有"可普遍化性"，从而形成媒体运作中的公共理性。当然，本书所提出的建构新闻伦理的路径、建构新闻伦理的文本，都是一种尝试，也只是提供一种思路，更多的伦理规范路径和文本还需要业界、学界的研究者在对话与交流中不断提出、不断完善。

第二章　新闻伦理研究现状及其对全球新闻伦理研究的启发

　　全球新闻伦理研究属于新闻传播学与伦理学的交叉研究。在新闻传播学界，是否探讨这一问题，采用什么样的方法探讨这一问题，都是在研究前需要了解的。基于此，本章对我国新闻伦理研究的现状进行梳理。

　　全球新闻传播活动可以被视为一种社会交往与互动的过程，这个过程涉及的主体有不同国家、地区的新闻从业者、新闻媒体、新闻行业、受访者、公众等。不同主体的交往、互动，必然需要遵循一定的原则，这些原则既有刚性的法律，也有柔性的伦理规范。在现实中，新闻伦理规范多是区域性的，这些区域性的新闻伦理规范并没有被很好地遵守，如有偿新闻、侵犯隐私等伦理失范现象时有发生。基于这样的现实背景，学界对新闻伦理进行多方面的研究，如以某一案例、现象为研究对象进行原因分析、提出解决对策，或者对新闻伦理的核心概念进行探讨等。研究者在探讨新闻伦理问题时关注焦点比较分散，研究路径多样，这使新闻伦理研究呈现出复杂多样的面貌。"全球新闻伦理"研究状况、研究方法为何，是需要在研究该问题之前有所了解的，因此对于新闻伦理这一研究领域进行综述性扫描实有必要。

一　问题的提出

　　目前新闻伦理领域的综述性研究更倾向于使用总结、归纳的方法对已有的研究从研究主题、归因、对策的角度进行述评，并提出已有研究的不足和对未来研究的建议、展望。这种综述性研究的不足在于多采用主观论述的方式，而没有进行细致的统计分析。此外，综述性研究多以年度报告的形式出现，探讨一年中的研究热点，不便于观察新闻伦理研究历时性的变化。因此，本书将对 2012 年至 2020 年 6 月与新闻伦理相关的学术论文进行梳理和观察，分析新闻伦理研究的焦点、路径和方法。本书的主要研究问题如下。

（1）新闻伦理领域研究中的高频关键词有哪些？研究焦点主要有哪些？是否涉及全球新闻伦理这一议题？

（2）对新闻伦理的研究是否基于理论进行分析？其理论的学科归属是什么？

（3）对新闻伦理的研究使用的研究方法有哪些？对全球新闻伦理的研究方法有何启发？

（4）新闻伦理的研究层次分布是怎样的？全球新闻伦理研究需要在哪个层面展开？

二　研究设计

（一）抽样

本研究以新闻与传播学科中五本 CSSCI 来源期刊即《新闻与传播研究》《国际新闻界》《新闻大学》《现代传播（中国传媒大学学报）》和《新闻记者》为研究对象。选取它们的原因有两方面，一是它们都曾刊登过与新闻伦理相关的文章，对新闻伦理问题持续关注，特别是《新闻记者》从 2001 年起推出了关于年度十大假新闻及其评析的综述性文章，因而契合本研究所需的文本；二是它们所刊文章的学术性、规范性比较强，期刊的影响力和认可度比较高。以这五本期刊为抽样对象，有助于把握新闻伦理研究的动向。

鉴于新闻伦理包含的内容比较广，有的文章会将某一个失范问题作为切入点（比如假新闻、有偿新闻），但不一定将"新闻伦理"作为题目或关键词，如果将"新闻伦理""新闻职业道德"作为关键词进行文献检索，难免会有所遗漏。因此，本研究采用全刊阅读、人工筛选的方法，即检索这五本期刊在 2012 年至 2020 年 6 月发表的所有文章，通过浏览文章的题目、摘要、关键词选取属于新闻伦理研究领域的文章，筛选出将新闻伦理作为研究对象的文章，以及将新闻伦理领域内的某一个理念或准则作为研究对象的文章。从抽样中去掉会议综述、书评等非学术论文及其他不相关的文章，共获得与新闻伦理相关的文章 221 篇作为本研究的分析文本。

（二）研究方法和类目建构

本研究以词频统计法、内容分析法和文献分析法为研究方法。首先，针对研究问题（1），使用词频分析法，将 221 篇文章的关键词放入软件 Tagul① 中进行统计，以获取出现频率较高的关键词，从而发现新闻伦理研究的焦点。其次，使用内容分析法，通过建构类目，对已有研究进行量化描述，借由数据对新闻伦理的研究现状进行直观反映。最后，使用文献分析法，旨在了解新闻伦理研究的焦点、观点，描绘出该领域研究现状的轮廓。

针对研究问题（2），论文所用理论的学科归属类目建构以该理论所属一级学科为准。根据国务院学位委员会和教育部于 2011 年共同发布的《关于印发〈学位授予和人才培养学科目录（2011 年）〉的通知》,② 13 个学科门类下有 110 个一级学科。结合本研究所选文章的实际情况，理论的学科归属类目将按照这 110 个一级学科进行建构，如哲学、社会学、政治学、心理学、新闻传播学。为了研究方便，将中国语言文学和外国语言文学合并为语言文学。

针对研究问题（3），研究方法的类目划分为定量研究方法、定性研究方法和思辨的方法。定量研究方法是"以数理统计为工具并利用技术日益进步的计算机，进行资料量化数据的精确统计，从对数据的分析中验证某些理论假设或提出某些观点",③ 常见的定量研究方法有调查法、内容分析法、控制实验法等。定性研究方法指"借助理论范式，进行逻辑推演，据此解释或解构假设的命题，最后得出理论性结论",④ 常见的定性研究方法有深度访谈法、文本分析法、案例分析法、焦点小组法等。思

---

① Tagul 是一款在线制作文字云的软件，使用者将关键词分别逐行录入文字框中，可显示各个关键词出现的频数。
② 国务院学位委员会、教育部：《关于印发〈学位授予和人才培养学科目录（2011 年）〉的通知》，http://www.moe.gov.cn/srcsite/A22/moe_833/201103/t20110308_116439.html。
③ 董璐：《传播学核心理论与概念》，北京大学出版社，2008。
④ 董璐：《传播学核心理论与概念》，北京大学出版社，2008。

辨的方法在本研究中是指实证研究方法之外的方法，诸如历史分析法、理论联系实际的方法、归纳法等。

针对研究问题（4），研究层次的类目建构借鉴陈卫星在《新闻伦理的可能性》一文中对新闻伦理三个层面的划分："第一个层面是现象性的，即对具体时代具体社会背景下的道德规则的共性和差异进行历史社会学、政治社会学或文化社会学的分析。第二个层面是讨论规范，从道德哲学出发，思考是什么因素决定好与坏、公正和不公正，强调义务和权利，这往往不能离开社会的发育程度和制度建设的背景。第三个层面是一种哲学性质的伦理学思考，试图超越对道德话语的形式批评，讨论新闻实践和话语规范的合法性。"① 笔者在陈卫星的基础上结合本研究所选文章的实际情况，对新闻伦理每个研究层次的内涵进行调整补充，具体内容如下。第一个层次是现象层面，包括呈现新闻实践中出现的失范现象（如假新闻、有偿新闻），归纳出现此类现象的原因，提出解决问题的对策。第二个层次是规范层面，包括对已有的新闻伦理与职业道德规范的条文进行对比分析，对新闻伦理与职业道德的观念、原则（如真实、客观、专业主义）进行概念辨析和历时性的梳理，分析这些原则在新闻实践中面临的挑战等。第三个层次是哲学层面的伦理学思考，如对媒体的美德、良心、善意等进行哲学层面的探讨。对各个文章研究层次的判断，以文章主要探讨的层面为准。

最终形成的类目表如表 2-1 所示。

表 2-1　类目建构

类目	分类
理论的学科归属	哲学
	社会学
	政治学
	语言文学
	心理学
	经济学
	新闻传播学

① 陈卫星：《新闻伦理的可能性》，《中国图书评论》2009 年第 7 期，第 4~9 页。

续表

类目	分类	
研究方法	定量研究法	调查法
		其他
	定性研究法	深度访谈法
		文本分析法
		话语分析法
		案例分析法
	思辨法	
研究层次	现象层面	
	规范层面	
	哲学层面	

三　研究发现

发表在《新闻与传播研究》《国际新闻界》《新闻大学》《现代传播（中国传媒大学学报）》和《新闻记者》上的新闻伦理相关的文章一共有221篇，其中发表数量最多的年份是2013年（43篇），发表数量最少的年份是2016年（15篇），文章发表数量整体呈下降趋势（见图2-1）。

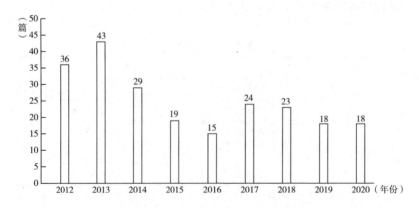

图 2-1　新闻伦理文章发表数量

此外，刊载新闻伦理相关研究文章数量最多的期刊是《新闻记者》，共有 87 篇文章刊发在该期刊上。《新闻记者》与其他期刊相比更加关注新闻伦理问题，这与期刊的定位有关。自 2001 年起《新闻记者》每年会推出主题为"年度十大假新闻"的综述性文章，对过去一年典型的假新闻案例进行简要回顾和分析；自 2018 年起《新闻记者》增加年度传媒伦理问题研究报告，对过去一年传媒伦理领域的基本情况进行概括分析，并研究梳理出典型问题案例进行详细介绍和点评。如 2020 年第 1 期刊发的《2019 年传媒伦理问题研究报告》在对 App "ZAO" AI 换脸的问题研究中指出，AI 换脸技术的普及不仅引发对用户隐私权的担忧，更使"深度伪造"成为可能，出现虚假信息制作与传播的问题。① 除此之外，《新闻记者》还不定期地策划新闻伦理领域的专题讨论，这些都使得该期刊成为研究新闻伦理的重镇。

（一）新闻伦理研究的焦点问题

本研究将 221 篇文章的关键词（没有关键词的文章，根据文章的主题和全文归纳出关键词）录入 Tagul 软件中，进行词频统计。新闻伦理、新闻专业操守、媒介伦理、新闻真实等字号比较大的关键词是出现频率较高的关键词。根据 Tagul 软件的统计结果，在 221 篇文章的 626 个关键词中，出现频率较高的 10 个关键词分别是：新闻专业操守、新闻伦理、媒介伦理、新闻真实、社交媒体、新媒体、社会责任、新闻生产、虚假新闻、人工智能（见表 2-2）。

表 2-2　新闻伦理文章的高频关键词

单位：次

关键词	频数	关键词	频数	关键词	频数
新闻专业操守	25	社交媒体	6	虚假新闻	5
新闻伦理	13	新媒体	6	人工智能	4
媒介伦理	8	社会责任	5		
新闻真实	7	新闻生产	5		

从以上高频关键词中可以看到，在新闻伦理研究领域，研究的焦点既

---

① 年度传媒伦理研究课题组、刘鹏、方师师：《2019 年传媒伦理问题研究报告》，《新闻记者》2020 年第 1 期，第 3~21 页。

有传统的新闻专业要求、新闻生产和新闻真实等方面，也有随着新闻业发展与变革而衍生的新媒体、社交媒体和人工智能等新方面，还有文章开始涉及全球新闻伦理问题。

学界对新闻专业理念的探讨比较频繁，其探讨的内容也比较深入。因为在我国今日的环境下，新闻专业理念不仅是一种规范，还是媒体自身存在正当性的证明和争取自主性的武器。一方面，新闻媒体给自己贴上新闻专业操守的标签，标明其自主的身份，通过专业主义的操作方式，去抵制来自有关部门的不当指令，以实现有效传播。① 另一方面，网络新闻暴露出来的煽情、失实等问题则更凸显出新闻专业操守的重要性。

对新闻真实的研究除了探讨何谓新闻真实及影响真实的因素外，对假新闻的治理策略也是探讨的重点。研究者都提出了各自的措施，其中取得共识的措施是制定业界认同的道德规范，成立新闻评议会加强行业自律，政府合理干预，将社会监督纳入共同治理的范畴；② 同时，建立完善的假新闻应对和追惩机制也是必要的。③ 刘自雄和任科认为由于虚假新闻与技术、体制、经济、文化等有关系，无法通过新闻界的自律根治，故而"想要完全杜绝虚假新闻只具备理论上的可能性，而绝无现实中的可能性"。④ 现实中媒体上的不真实报道日益增多，注定了关于新闻真实的研究会持续下去。

除了上述提及率比较高的研究焦点之外，新闻伦理的研究还呈现出研究议题多样化的特点。有研究者研究传统的新闻伦理与职业道德观念、原则，如社会责任、公正、平衡、新闻与广告相区分等；还有研究者对新闻伦理规范的文本进行研究，探讨我国新闻职业道德准则存在的问题，如现实可操作性不强。还有研究者以"关系"为切入点，用"身体参与传播活动的完整度"将媒介形态划分为"有身体媒介"、"无身体媒介"、"身体化媒介"与"类身体媒介"四个阶段，由此研究媒介伦理的变迁。

---

① 郭镇之：《公民参与时代的新闻专业主义与媒介伦理：中国的问题》，《国际新闻界》2014 年第 6 期，第 6~15 页。
② 陈绚、张文祥：《假新闻治理的路径革新》，《国际新闻界》2012 年第 12 期，第 76~82 页。
③ 刘自雄、任科：《现代性、后现代性与虚假新闻——关于虚假新闻几个基本理论问题的探讨》，《现代传播（中国传媒大学学报）》2012 年第 8 期，第 38~41 页。
④ 刘自雄、任科：《现代性、后现代性与虚假新闻——关于虚假新闻几个基本理论问题的探讨》，《现代传播（中国传媒大学学报）》2012 年第 8 期，第 38~41 页。

　　此外，以上高频关键词中，"新媒体""社交媒体""新闻生产""人工智能"虽然与新闻伦理并无直接关系，但这几个关键词体现了新闻伦理研究的转向，即由传统新闻伦理研究转向新新闻伦理研究乃至市民传播伦理研究。有研究者研究了社交媒体为传统新闻媒体带来的挑战与机遇，认为新媒体在提升新闻时效性的同时降低了事实的准确性和伦理标准；①记者使用社交媒体使得记者的言论边界、个人与组织的关系问题更加复杂；当媒体使用来自社交媒体的信息时，核实信息仍是必要的。② 传播技术变革引发的伦理问题延伸至社交媒体平台，普通市民也成为传播主体，因此新闻伦理社会化势在必行，③ 针对职业媒体的新闻伦理研究扩展至市民的传播伦理也就成为必然。④

　　在目前的研究中，一个明显的变化是由传统的新闻伦理研究向新媒体传播伦理研究的转向，新媒体传播伦理的研究，是基于技术的视角，即单纯地探讨技术的变化所带来的新闻伦理的变化，而较少考虑到信息全球化这一背景下的新闻伦理问题。但基于新媒体环境的市民传播伦理研究提出应当对伦理规范进行新的建构，这一点与全球新闻伦理研究具有一定相通之处。

（二）　新闻伦理研究所用理论的学科归属

　　理论的学科归属是指在文章中被用来提出、分析问题或解决问题的理论依据或理论支撑所属的学科。经统计发现，221 篇文章中具有理论基础的文章有 67 篇，没有理论基础的文章有 154 篇，多数文章就问题来谈论问题，缺乏理论探讨与分析。出现这种问题的原因之一是我国新闻伦理领域的研究类型多是问题主导型，即新闻实践中出现了具体的问题，研究者围绕该问题产生的根源、解决的措施进行论述，忽视了理论上的观照。有理论基础的文章最常用的是人文社会学科的理论，分别有 18 篇、21 篇和 18

① 李艳红：《重塑专业还是远离专业？——从伦理和评价维度解析网络新闻业的职业模式》，《新闻记者》2013 年第 2 期，第 54~59 页。

② 周海燕：《突发灾难性事件报道策略研究——以国际主流媒体"马航客机失联"事件相关报道为例》，《新闻记者》2014 年第 4 期，第 51~56 页。

③ 彭增军：《从把关人到公民新闻：媒介伦理的社会化》，《新闻记者》2017 年第 4 期，第 51~55 页。

④ 张咏华、贾楠：《传播伦理概念研究的中西方视野与数字化背景》，《新闻与传播研究》2016 年第 2 期，第 120~125、128 页。

篇文章使用了哲学、社会学和新闻传播学的理论。这是因为伦理学是哲学的分支，对新闻伦理的分析离不开哲学依据；从社会学的角度来看，新闻失范、失德行为是一种发生在社会环境中的越轨行为，所以研究者会使用社会学的理论对这类行为进行分析；发生在新闻实践中的新闻伦理问题，会牵涉到新闻专业性的问题，因此还需要新闻传播学学科的理论支持。

（三）新闻伦理研究的方法使用

近年来新闻伦理研究相关文章使用研究方法的情况如下：使用了思辨方法的文章有 156 篇，使用了质化研究方法的文章有 53 篇，使用了量化研究方法的文章有 14 篇。在具体方法的使用上，质化研究方法方面，19 篇文章使用了案例分析法，11 篇文章使用了深度访谈法，19 篇文章使用了文本分析法，2 篇文章使用了话语分析法，2 篇文章使用了民族志；量化研究方法方面，11 篇文章使用了问卷调查法，2 篇文章使用了文献计量法，1 篇文章使用了社会网络分析法（见图 2-2）。①

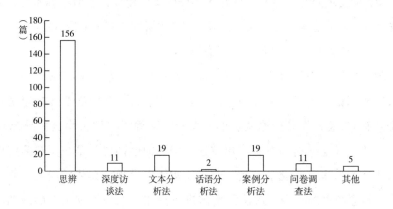

图 2-2　研究方法的使用情况

从统计结果可以看出，大多数关于新闻伦理研究的文章还是以思辨的形式出现的，但整体上使用思辨方法的文章数量呈下降趋势，使用质化研

---

① 研究方法的统计是按照某一方法被使用的次数，只是最终以使用了该方法的文章数量来呈现，因有的文章不止使用了一种方法，所以研究方法统计的文章总数会大于实际的文章数量 221 篇。

究方法的文章数量呈上升趋势。

（四）新闻伦理的研究层次

新闻伦理与职业道德研究相关文章的研究层次绝大多数集中在第一个层次即现象层面上，共有 157 篇文章，占比 71%；达到第二个研究层次即规范层面的文章有 55 篇，占比 25%；达到第三个研究层次即哲学层面的文章有 9 篇，占比 4%（见图 2-3）。

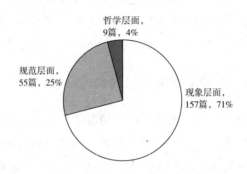

图 2-3　新闻伦理的研究层次

一般来说，新闻业务中的伦理失范事件增多后，新闻伦理研究也会随之增多。第一个研究层次即现象层面的文章如此之多，其中一个原因就是新闻实践中的失范事件、失范现象不断，为新闻伦理的研究提供了现实案例，特别是近年来新闻伦理问题受到了越来越多的关注，对此类现象的分析就显得十分必要，而且这种案例分析式的文章操作简单，案例兼具时新性与重大性，降低了文章发表的难度。

第二个研究层次即规范层面的伦理文章数量次之。这类研究多借助已有伦理规范的文本或史实资料，包括对伦理规范进行时间上、空间上的比较，如周俊、毛湛文对历年《中国新闻工作者职业道德准则》的文本进行分析，发现其"存在语言风格单调固化、以政治词汇代替职业词汇、缺少现实操作性内容等问题"[①]；对新闻伦理的观念、原则进行历史考察

[①]　周俊、毛湛文：《规范的失范：基于历年〈中国新闻工作者职业道德准则〉的实证研究》，《国际新闻界》2013 年第 10 期，第 152~166 页。

或是理论上的重新解读等，如郑保卫、李玉洁对美国的新闻专业主义观念发展史进行了评述和反思①，蒋晓丽、李玮从符号学的视角阐释何谓新闻真实。②

第三个研究层次即哲学层面的文章数量最少，这与新闻伦理的跨学科性质有关。新闻伦理是新闻学与伦理学的交叉产物，但是本研究选取的221篇文章的作者中，除了业界人士之外，学界的作者主要来自新闻院校，有伦理学专业背景的研究者很少，这就意味着对新闻伦理与职业道德问题的分析更多的是从新闻专业的角度切入的，而缺少了伦理道德层面乃至哲学层面的思考。

四　现有研究对全球新闻伦理建构的启发

笔者通过对近九年的新闻伦理研究情况进行内容分析，发现其研究成果对全球新闻伦理建构的研究提供了启发，具体内容如下。

其一，本研究发现，研究焦点忽视了从"空间"视角对全球新闻伦理问题进行关注。在近九年新闻伦理的研究中，出现频率较高的前10个关键词分别是新闻专业操守、新闻伦理、媒介伦理、新闻真实、社交媒体、新媒体、社会责任、新闻生产、虚假新闻、人工智能，研究焦点主要集中在新闻专业操守、假新闻、新闻真实和客观、新媒体等，已有研究体现出学界对新闻伦理的基本理念、新新闻伦理问题的关切。研究者关注到"在新的载体和平台上，信息传播门槛和专业要求降低、传播主体多元化、传播环境复杂化，新闻伦理问题在新媒体上愈演愈烈"，但忽视了新媒体技术对于信息在"空间上"的影响，即忽视这种信息全球到达的现实会引发的伦理问题，忽视在这种信息全球到达的背景之下新闻伦理的反思与重构问题。

其二，全球新闻伦理研究是一种跨学科研究。在探讨新闻伦理时，已有研究所使用的理论框架的学科归属主要是哲学、社会学和新闻传播

---

① 郑保卫、李玉洁：《真实，一个被追求与被操纵的新闻观念：基于美国新闻史的考察》，《国际新闻界》2013年第5期，第84~93页。

② 蒋晓丽、李玮：《从"客体之真"到"符号之真"：论新闻求真的符号学转向》，《国际新闻界》2013年第6期，第15~23页。

学。新闻伦理属于应用伦理学的范畴，而伦理学又是哲学的分支，新闻伦理研究对哲学理论的结合与新闻伦理研究的学科交叉性质相呼应，还反映出已有研究通过理论深思来观照现实的特点；新闻伦理研究与社会学理论的结合表明新闻伦理研究对社会现实问题的观照；立足于新闻传播学理论的伦理研究，是为了更好地解决新闻专业领域的问题。对全球新闻伦理的研究，也需要将新闻传播学价值理念与伦理思想相融合。

其三，全球新闻伦理研究需要思辨与实证相结合。在研究新闻伦理问题时，研究者所运用的主要方法是思辨法。因为新闻伦理学科性质与思辨相关。在理论层面上，伦理学是哲学的一个分支，这决定了伦理研究会沿袭哲学思辨的方法。如伦理困境中如何抉择、道德中的善恶判断，都需要根据元伦理的一般原则去进行逻辑推演。在现实层面上，虽然诸如传播效果、受众研究可以使用实验、调查的方法，但有些理论、材料的研究仍需要"借助思辨方法，如传播政策的制定、传播的社会控制"①，新闻伦理便属于后者。除了可以对一些伦理规范的条款进行定量或定性的分析，对一些典型的失范事件进行案例分析之外，新闻伦理的形成/破坏往往离不开它所处的社会背景、制度等因素的影响，但这些因素难以用量化的方式表现，通过严谨的逻辑推理、归纳总结进行分析可能是较好的方式。故而，对于全球新闻伦理的研究以逻辑推演为主。

其四，从"规范层面"探讨全球新闻伦理问题有助于提升研究内容的理论化程度，拓展研究内容的深度。近九年新闻伦理的研究层次以现象层面为主，说明研究者关注到新闻实践中的伦理失范现象，且多数研究停留在就事论事的层面。这样做虽然有现实针对性，但研究对实践一边热，就容易造成重实践轻学理的局面，这对于新闻伦理研究向纵深发展是不利的。同时，指出问题、提出对策成为新闻伦理现象层面研究的常见思路，这样的研究缺乏理论上的追根溯源和逻辑推演，没有形成完整的逻辑闭环，致使新闻伦理研究陷入表面化，难以提升到新的高度。基于此，本研究着重进行理论探讨而非案例分析，并不是在案例层面探讨全球新闻伦理

---

① 卜卫：《传播学实证研究的方法论问题》，《新闻与传播研究》1994 年第 2 期，第 8~15、7 页。

问题，而是从理论根源上进行分析，如对"世界主义""儒家伦理""伦理规范"等进行探讨。

　　总的来说，本研究尝试使用量化与思辨相结合的研究方法，从国内外新闻伦理的规范层面进行研究。这一构想将会在以下几章中进行呈现，以期使新闻伦理方面的研究更加丰富，更有广度。

第三章　构建全球新闻伦理的困境与展望

全球新闻伦理是在全球化时代背景下提出的。20世纪90年代，联合国秘书长加利（Boutros Boutros-Ghali）宣布"世界进入了全球化时代"。① 世界各国在政治、经济、文化等方面联系紧密，在新闻领域中，媒介产业全球化促使诸多跨国传媒集团产生，同时互联网技术拓宽了区域性媒体传播信息的范围，规范了跨国传媒集团的新闻实践活动，约束了不同地区新闻从业者的实践行为，这些现实需求促使研究者思考构建全球新闻伦理，并基于全球化背景从跨文化、国际传播等视角论述构建全球新闻伦理所面临的问题与挑战。如今新闻实践活动的时代背景出现了新转向，随着英国脱欧、中美贸易摩擦等事件的发生，"逆全球化"的趋势日益明显，国家主义开始回归，民族主义再次抬头，国家之间的摩擦冲突更为频繁，在当前环境下谈论全球新闻伦理是否还具有意义？在复杂的国际环境中构建全球新闻伦理还将面临哪些问题？有哪些路径适合构建全球新闻伦理？这是本书重点关注的问题。

一　全球新闻伦理的构建意蕴

以克利福德·克里斯琴斯（Clifford G. Christians）为代表的媒介伦理研究者基于全球化的时代背景提出了全球新闻伦理的构想，并对此展开了激烈讨论。在今天的传播环境中，构建全球新闻伦理是否还具有其现实意义？这是一个值得我们思考的问题。

---

① 吕拉昌、黄茹编著《世界大都市的文化与发展》，华南理工大学出版社，2013，第42页。

（一）全球性危机亟须新闻业承担全球责任，具备全球意识

当今世界，生态环境恶化、贫富差距过大、传染性疾病肆虐等全球性危机成为单个国家或者民族难以解决的问题，人类形成一个命运攸关、利益相连、相互依存的共同体。各国之间的联系日益紧密，媒体对国际公共事务的影响力越来越强，特别是在推动解决全球性问题方面，媒体扮演着非常重要的角色。新闻报道会影响政府、军队和人道主义机构的行动，世界需要具有全球意识和全球责任感的新闻，以帮助公众了解贫穷、环境恶化、技术不平等和政治不稳定等全球性问题。[①]

目前，新闻从业者主要遵循的是本国或本地区的新闻职业伦理，在区域性新闻伦理指导下，新闻从业者仅仅将报道置于本国家或本民族的情境下进行考虑，时常会构建"我们"和"他们"的二元对立模式，甚至在报道时抱有偏见和敌意，加剧不同民族、国家之间的隔阂。[②] 例如西方媒体关于伊斯兰世界的报道经常呈现负面倾向，萨义德发现在这种"我们"与"他们"的二元对立框架中，即便是对伊斯兰世界最"客观"的报道，其中也潜藏着隐而不显的假设和对事实的扭曲，西方媒体通过浅薄化、单一化、标签化、污名化、妖魔化的方式，把伊斯兰世界再现为恐惧、非理性的他者。[③] 这种带有狭隘民族观的报道进一步加深了公众对伊斯兰世界的负面印象。

如何突破区域性新闻伦理的局限？赫尔曼·瓦瑟曼等提出需要建立以共同人性为基础、认真对待当地经验的全球新闻伦理。[④] 他们认为具有普遍性的全球新闻伦理是防止狭隘价值观和社会压力对新闻业产生不当影响的堡垒。[⑤] 构建全球新闻伦理的基础是全人类的价值共识，有研究者对此

---

① S. J. Ward, "Global journalism ethics: Widening the conceptual base," *Global Media Journal* 1 (2008): 137-149.

② 牛静：《建构全球媒体伦理：可实现的愿景抑或乌托邦？》，《国际新闻界》2015年第7期，第134~146页。

③ 单波：《面向跨文化关系：报道他者的可能性》，《新闻与写作》2020年第3期，第5~9页。

④ H. Wasserman, "Professionalism and ethics: The need for a global perspective," *Journalism & Communication Monographs* 19 (2017): 312-316.

⑤ S. J. Ward, "Philosophical foundations for global journalism ethics," *Journal of Mass Media Ethics* 20 (2005): 3-21.

提出担忧，认为共同价值无法对道德经验的特殊性做出公正的假设，同时西方价值观容易伪装成共同价值，在全球社会占据主导地位。在构建全球新闻伦理时，如何处理普遍性与特殊性的关系成为研究者必须面对的问题。

（二）民族主义思潮升温挑战新闻公正客观性原则

近年来，随着地缘政治冲突不断加剧、贸易和投资保护主义愈演愈烈，国际社会出现了"逆全球化"的趋势，民族主义思潮开始升温。有人认为民族主义思潮是基于集体本位的文化观念形态，是构成民族独立、民族统一、民族自决的内在动力；也有人指出民族主义思潮是一个非此即彼的、破坏性的、将群体拉入对峙中的分离主义思想观念，它给世界带来的是歧视与不平等，在它的驱动下战争与利益争夺随处可见。[①] 不容回避的是，民族主义容易演化成极端民族主义、种族中心主义，这会强烈冲击新闻业伦理原则。在一个聚集了不同民族、宗教、文化、价值观的世界中，媒体是公众了解世界的窗口，斯蒂芬·J. A. 沃德指出极端主义的兴起与强势国家机构的错误信息相结合，正在破坏宽容、多元主义和平等社会，他认为从国际化的角度来看，具有全球影响力的新闻报道应该是准确、平衡和多样的。[②]

新闻从业者作为民族共同体中的一员，对其所属的共同体有特殊的纽带关系和义务责任，这一事实关系为新闻从业者进行新闻价值判断提供了基本理由，使其"同胞偏爱"的报道具有合理性。[③] 而在复杂多变的国际环境中，带有"极端民族主义"倾向的新闻报道往往容易违背新闻公正性、客观性原则，成为政客掩盖真相的工具。全球性新闻伦理规范缺位，没有相对一致的标准规范，使人们对媒体伦理不当行为的批判缺少了力度和依据。

（三）技术变革促使新闻伦理从职业伦理转向大众伦理

新技术赋予新闻机构从世界各地收集信息的能力，促使新闻实践活动

---

① 史巍：《全球化语境中民族主义思潮的复兴及其模式》，《学术论坛》2020 年第 4 期，第 119~125 页。

② S. J. A. Ward, "Philosophical foundations for global journalism ethics," *Journal of Mass Media Ethics* 20（2005）：3-21.

③ 牛静：《世界主义、民族主义与全球媒介伦理的建构》，《新闻与传播研究》2016 年第 2 期，第 29~40、126 页。

全球化，社交媒体的快速发展促使普通公众都能够向世界各地播报新闻，新闻伦理不再局限于新闻从业者的职业伦理而逐渐转向去中心化的大众伦理，正如斯蒂芬·J.A.沃德所言，新闻伦理成为"每个人"的伦理。①在传统媒体时期，新闻生产掌握在专业新闻从业者手中，因此，新闻伦理属于职业伦理的范畴，其约束对象仅是专业新闻从业者。社交媒体的兴起打破了新闻生产的技术门槛，微信公众号、微博、Facebook、Twitter等社交媒体为公众提供了个人生产新闻的平台，越来越多的社交媒体用户成为新闻内容生产者。一方面，由于普通公众并未接受过专业的新闻生产训练，对职业新闻伦理的了解程度有限，在生产新闻的过程中容易出现传播虚假新闻、低俗新闻、煽情新闻等伦理失范行为，故而新闻伦理需要被调整为能够约束普通公众新闻生产行为的大众伦理；另一方面，随着智媒时代的到来，新闻生产领域出现了侵犯隐私、算法偏见、信息茧房等新的伦理风险，技术因素日益成为影响新闻生产的关键因素，有研究者认为新闻伦理不再是一种纯粹的行业伦理，还要与技术伦理相结合。②

在现阶段中，传统新闻伦理需要被进一步发展丰富，以使之与当前的新闻实践活动相适应。因此，构建一种符合当下传播环境的具有开放性、包容性、多元性的新闻伦理极有必要。

二 不同伦理观念之间的冲突与博弈

新闻伦理研究者一直试图在政治多极、文化多元的世界中思考媒体伦理问题，努力探索适用于全球的媒体伦理。③ 实际上，在构建全球新闻伦理的过程中，存在种种问题和挑战。全球新闻伦理是否要求所有记者都要接受普遍的价值观？如果是这样，新闻界是否有普遍价值观？这种普遍性

---

① 单波：《全球媒介伦理的多重对话与多重实现——斯蒂芬·沃德（Stephen J. A. Ward）访谈录》，《跨文化传播研究》2021年第1期，第17~28页。
② 党子奇：《技术伦理视角下智能新闻伦理哲学溯源与风险控制》，《中国出版》2021年第18期，第39~42页。
③ H. Wasserman, "Professionalism and ethics: The need for a global perspective," *Journalism & Communication Monographs* 19 (2017): 312-316.

如何公正对待世界各地的文化、政治和经济差异?① 在探索全球新闻伦理的过程中,研究者不得不面对"普遍性"与"特殊性"、"公正性"与"民族主义"、东西方观念冲突等问题。

(一) 普遍主义理念难以回应道德特殊性

构建全球新闻伦理首先要面临的问题是是否存在具有普遍性的新闻伦理、如何处理"全球普遍性"与"本土特殊性"之间的关系。如何创造一个普遍的新闻伦理框架,以维持人类的普遍独立性,并尊重文化、宗教和思想观念的差异,似乎是摆在新闻伦理学家面前的挑战。②

全球新闻伦理的共同价值是什么?克里斯琴斯和卡尔·诺登斯特兰 (Kaarle Nordenstreng) 认为人类生命的神圣性及其所蕴含的伦理原则可以作为支撑所有文化的共同价值,他们将"真实、人类尊严和非暴力"作为全球新闻伦理的核心概念。③ 克里斯琴斯主张从人的存在本身出发去思考普遍性道德原则,这种将对生命的崇敬作为伦理决策依据的存在伦理学,为摆脱道德相对主义提供了一种路径。依据克里斯琴斯和卡尔·诺登斯特兰的观点,全球新闻伦理应当从对个人自主性和对职业道德主体独立性的强调,转向一种根植于普遍人性的伦理学,他们提出的原准则 (protonorms)"真实、人类尊严和非暴力"与具体的职业道德相比更适合作为全球标准对不同地区的新闻伦理现象进行评判。④ 罗伯托·赫尔舍尔 (Roberto Herrscher) 认为,一些政府、经济团体和记者利用文化相对主义思想来捍卫让他们掌权、让人民无知的传播体系,这是一个问题,而用普遍伦理价值指导全球新闻业将有助于解决这个问题,在学术领域讨论这种普遍性是积极有益的。⑤

---

① S. J. A. Ward, "Global journalism ethics: Widening the conceptual base," *Global Media Journal* 1 (2008): 137-149.

② B. I. Hamada, "Towards a global journalism ethics model: An Islamic perspective," *The Journal of International Communication* 22 (2016): 188-208.

③ C. Christians, & K. Nordenstreng, "Social responsibility worldwide," *Journal of Mass Media Ethics* 19 (2004): 3-28.

④ H. Wasserman, "Professionalism and ethics: The need for a global perspective," *Journalism & Communication Monographs* 19 (2017): 312-316.

⑤ R. Herrscher, "A universal code of journalism ethics: Problems, limitations, and proposals," *Journal of Mass Media Ethics* 17 (2002): 277-289.

也有研究者对构建全球新闻伦理提出质疑，这种质疑包含两个方面：其一，后殖民主义研究者担忧西方价值观伪装成共同价值占据主导地位；其二，共同价值无法对道德经验的特殊性做出公正的假设。正如巴斯尤尼·易卜拉欣·哈马达（Basyouni Ibrahim Hamada）所认为的：没有一种哲学方法能够在局部和全球、特殊和普遍之间建立平衡，现有的伦理标准隐含或明确地植根于西方价值观，在某种程度上缺乏抽象伦理标准与日常伦理困境之间的联系。[①]

后殖民主义研究者对全球新闻伦理的构建表示怀疑，认为这可能标志着一种正式的、以西方为中心的普遍主义的回归，这种努力是为了将价值观强加于他人。[②] 批评者认为目前的伦理学过度依赖于西方认识论，这与当前所流行的伦理理论起源于西方有关。后殖民主义研究者认为全球新闻伦理会面临"西方化"的风险。莎肯塔拉·拉奥和李（Seow Ting Lee）通过民族志的方法对亚洲和中东地区的部分政治记者进行了访谈，访谈结果显示这些来自亚洲和中东的记者虽然高度赞同构建全球新闻伦理，但同时他们也担心任何全球媒体道德准则都会为西方思想和价值观所主导。[③]

另一个反对构建全球新闻伦理的理由是，任何全球价值理论都无法对道德经验的特殊性做出公正的假设。[④] 例如非洲大陆的新闻业实践常常受到各种实际因素的限制，其中包括政府对报道自由施加的限制、严重缺乏资源以及报道真相的记者受到的人身安全威胁。[⑤] 在这样的处境下，新闻从业者遵守具有普遍性的全球新闻伦理将有一定难度。并且，不同文化对基本道德术语的解释和认知是不同的，即使某些价值观可以被认定为具有普遍意义，但它们的解释和相对价值也会因语境的不同而大不相同。

① B. I. Hamada, "Towards a global journalism ethics model: An islamic perspective," *The Journal of International Communication* 22 (2016): 188-208.
② C. G. Christians, S. Rao, S. J. Ward, & H. Wasserman, "Toward a global media ethics: Theoretical perspectives," *Ecquid Novi* 29 (2008): 135-172.
③ S. Rao, & S. T. Lee, "Globalizing media ethics? An assessment of universal ethics among international political journalists," *Journal of Mass Media Ethics* 20 (2005): 99-120.
④ C. G. Christians, S. Rao, S. J. Ward, & H. Wasserman, "Toward a global media ethics: Theoretical perspectives," *Ecquid Novi* 29 (2008): 135-172.
⑤ C. G. Christians, S. Rao, S. J. Ward, & H. Wasserman, "Toward a global media ethics: Theoretical perspectives," *Ecquid Novi* 29 (2008): 135-172.

研究者一直致力于寻找一个足够全面、涵盖全球文化和社会差异的宏观新闻伦理理论，而实际上具有普遍性的价值理念难以回应道德特殊性问题。尽管如此，研究者关于普遍主义和相对主义的反思对于构建全球新闻伦理还是具有积极的意义。克里斯琴斯一直致力于探索如何将对真实理论的诉求与经常出现的相对主义相协调，他希望通过诉诸普遍性的中间立场来解决道德相对主义和道德绝对主义的分歧。① 这是一个正确的方向，构建全球新闻伦理需要考虑当前新闻界普遍存在的伦理思想和概念，需要有普遍的伦理基础，同时需要充分考虑到道德的多元化，并与新闻生产实践相结合，这样全球新闻伦理才具有实践生命力。

（二）正义理念难以满足民族主义需求

构建全球新闻伦理需要考虑到新闻从业者面临的现实道德困境，尤其是在特殊情况下如何处理本地和国际社会的关系。在日常工作中，记者在报道文化、政治和宗教领域内的敏感性问题时，经常要面对的道德困境是如何平衡民族主义和新闻公正性的关系，这是一个极具挑战性的问题。

民族主义赋予民族国家及其边界非常重要的道德意义，民族主义赋予每个成员强烈的民族认同感，民族主义的包容性特征及其所蕴含的平等理念，使所有成员因为民族认同而获得一种尊严感，这种尊严感成为爱国主义和为民族事业奉献的来源。② 新闻工作的职业要求是记者依照真实、客观、公正的道德原则进行报道。理想化的全球新闻伦理希望记者突破区域限制，站在国际社会角度上报道事实。新闻从业者之所以会陷入两难境地，是因为他们既是本民族本国家的成员，认同本民族本国家的文化价值观，且具有强烈的民族情感，同时又要考虑新闻工作的国际责任。在国际局势复杂多变的情况下，这一问题更加尖锐。

研究者期待记者能够站在中立的位置上，不带情感偏向性、公正客观地报道新闻。斯蒂芬·J. A. 沃德将记者定义为社会的特殊角色，他认为记者代表广大公众，是公正和独立的传播者。当记者在考虑新闻标准和自

---

① C. Meyers, "Universals without absolutes: A theory of media ethics," *Journal of Media Ethics* 31（2016）：198-214.

② 张旺：《民族主义与现代性：冲突及其化解》，《教学与研究》2020 年第 7 期，第 81~90 页。

身职责的时候，应当从人类整体的角度出发，当派别与人道主义原则发生冲突时，记者应该优先考虑后者。斯蒂芬·J. A. 沃德提出记者应用类比的思维，将对地方或国家层面持有的观念情感扩展到国际层面，记者应提供不只为他们的同胞负责，而且对所有潜在读者负责的可信的新闻报道。[①]

上述观点试图完全超脱国家地区限制去构想全球新闻伦理，却没有给予现实世界足够的关切，容易成为虚无的伦理道德规制。民族国家价值观与全球共同体理想价值观之间需要保持足够的张力，肯定民族主义情感或爱国主义情感，在很多时候是有必要的。阿比尔·纳杰尔（Abeer Al-Najjar）在研究中发现，许多阿拉伯记者的专业协会将爱国主义视为一种品质。阿拉伯记者常在极端冲突的情况下工作，他们需要报道国家之间以及国家内部的战争和冲突。尽管许多阿拉伯记者认识到全球新闻伦理原则的重要性，认识到公正性和客观性的价值，但是在这些特殊情况下他们仍然会积极捍卫自己国家或泛阿拉伯地区的利益。阿拉伯记者将爱国主义等同于"公共利益"和"正义"，认为爱国主义是一种美德，并不违反新闻伦理。[②]

如果全球新闻伦理强调新闻业的职责不是践行爱国主义新闻伦理，而是需要通过全面、公正、客观的视角去调查报道新闻，它就忽视了民族主义的正当性，近乎苛刻地要求记者站在世界性的全局视角去重塑自己的社会责任，这在实践中是难以推行的。但如果将全球新闻伦理作为一种底线原则，保障全球新闻伦理的道德优先性，为民族主义提供运作边界，就能够兼容世界主义理念和民族主义诉求。[③]

（三）文化多元背景下的东西方价值理念冲突

世界不同地区的多元文明体系对新闻业产生深远影响。儒家文明、伊

---

① S. J. A. Ward, "Philosophical foundations for global journalism ethics," *Journal of Mass Media Ethics* 20 (2005): 3-21.

② A. Al-Najjar, "Contesting patriotism and global journalism ethics in Arab journalism," *Journalism Studies* 12 (2011): 747-756.

③ 牛静：《世界主义、民族主义与全球媒介伦理的建构》，《新闻与传播研究》2016 年第 2 期，第 29~40、126 页。

斯兰文明、印度文明等围绕着"自由""责任""正义""公平"等核心观念，各自有一套本土化阐释体系。[①] 在多元文明体系的影响下，不同地区的新闻伦理价值观也各不相同。如何将多元的文化观念融入全球新闻伦理规范与理念成为一道难题。

在南非，乌班图（Ubuntu）哲学代表了社群主义意识，它源于非洲传统哲学思想，强调个人对社区的依赖性，其核心内涵是"我的存在是因为大家的存在"（"I Am Because We Are"）。[②] 乌班图思想的核心价值观包括人性、仁慈、平等、爱和分享等，乌班图新闻学强调记者要认同自己身为非洲人的文化身份，为非洲人报道有利于维护非洲人利益的新闻。[③]

不同地区受到各自文化传统的影响，形成了不同的伦理观。整体来看，东西方的伦理价值观存在诸多不同，基于自由主义价值观形成的西方新闻伦理更加强调表达自由，而基于社群主义、集体主义价值观形成的东方新闻伦理更加强调正义与责任。近年来，研究者开始重视西方以外地区的伦理价值观，如探索将非西方语境中的道德规范与西方道德规范相整合，希望以此为基础构建全球新闻伦理框架。但不同的伦理思想之间存在的分歧和冲突，也给这一设想的实践造成了困难，研究者反思如何进行多元伦理之间的深度对话，而不是象征性地将不同地区的伦理纳入全球新闻伦理框架中。全球新闻伦理的概念超越了国家和政治的界限，将全球公民视为共同体，强调集体性，新闻业需要对全球社会承担起正义的责任，在重视集体的同时也需要肯定个体的价值，因此，在整合多元化新闻伦理框架过程中还需要进一步思考如何平衡群体与个人、自由与责任的关系问题。

三　构建全球新闻伦理的路径探索

研究者对于如何构建全球新闻伦理进行了多样化的理论研究。斯蒂

①　单波、张洋：《记者角色的地方性实践与记者比较范式的跨文化重构》，《新闻与传播研究》2020年第4期，第5~20、126页。

②　C. G. Christians, "Ubuntu and communitarianism in media ethics: Research section," *Ecquid Novi* 25 (2004): 235-256.

③　崔乃文：《从"乌贾马"到"乌班图"：非洲新闻传播业的历史、现状和启示》，《传媒》2020年第14期，第59~62页。

芬·J. A. 沃德提出了契约理论，他认为记者的行为要符合公共利益并能促进民主，记者有报道真相的自由；莎肯塔拉·拉奥和赫尔曼·瓦瑟曼否定了西方强加的正义理念，认为只有让非西方民族参与到正义和善的对话中，才能产生真正的普遍伦理；克里斯琴斯主张基于本体论理解伦理，即人与人之间的关系是基于人性的共性而构建的，他认为所有普遍伦理的基础是所有人都相信生命的神圣性。[①] 构建全球新闻伦理是一个开放式的探索过程，这些探讨为构建全球新闻伦理路径提供了多重视角。

（一）虚拟世界主义理论调和了记者身份认同矛盾

世界主义伦理观作为一种规范性概念，是全球新闻伦理的重要理论资源。斯蒂芬·J. A. 沃德主张将世界主义伦理作为全球新闻伦理的哲学基础。世界主义强调伦理行为应该建立在人人平等的价值基础上，新闻业的世界主义意味着记者们不会把自己视为当地公众的代理人，而是将自己视为全球公共领域的代理人。[②] 世界主义的伦理视角蕴含着对共同的人性观念的认同，这种观念可以转换成共享的或者普遍的道德责任，它要求人们把首要的忠诚交给道德上的善，而这个善对全人类来说都是适用的。[③] 实际上，世界主义伦理并不是完美的，批评者认为世界主义伦理的主张过于乐观，因为现实世界是一个由多民族多国家组成的多元化世界，并不是完全平等统一的，同时人性也是复杂的，记者难以逾越民族国家、宗教信仰、传统价值观对自己的约束，因此，将记者视为全球公共领域的代理人是一种理想化的观念。

基于传播技术的发展，布里·麦克尤恩（Bree McEwan）与米里亚姆·索夫雷-丹顿（Miriam Sobre-Denton）从全球社交网络空间角度提出了虚拟世界主义（virtual cosmopolitanism）理论。米里亚姆·索夫雷-丹顿认为虚拟世界主义可以被看作由网络空间促成的世界主义，在这种空间

---

① M. D. Hossain, & J. Aucoin, "The ethics of care as a universal framework for global journalism," *Journal of Media Ethics* 33（2018）：198-211.

② S. J. Ward, "Global journalism ethics: Widening the conceptual base," *Global Media Journal* 1（2008）：137-149.

③ 周丽昀：《世界主义：全球伦理抑或涉身伦理?》，《湖南师范大学社会科学学报》2016年第4期，第23~30页。

中，文化和社会资本通过社交媒体网络进行传播，在这种跨国传播过程中更容易实现世界主义。[①] 全球社交网络打破了时空秩序与身份观念，形成了多元共生的跨文化虚拟共同体，这为全球人民身份的建构和认同提供了空间。在此基础上形成的虚拟世界主义是对世界主义理论的补充和延伸，它强调了可调解的、媒介化的社会空间，潜隐着创建全球命运共同体的积极可能。[②] 虚拟世界主义理论在一定程度上可以调和记者在身份认同上的矛盾。网络技术将世界各地的人们紧紧联系在一起，在这里记者可以坚持对自己所属地区、国家的忠诚，同时也能够在跨文化交流中形成批判思考，更加注重对本民族之外的其他地区人民的关怀，从而缓解在现实世界中需要面对的民族国家的"自我"与世界其他地区的"他者"之间的压力。

（二）关怀伦理代替正义理念为记者提供新立场

关怀伦理被考虑用作构建全球新闻伦理的基础理论。卡罗尔·吉利根（Carol Gilligan）和内尔·诺丁斯（Nel Noddings）等人发现了被主流伦理学忽视的关怀价值，认为人与人之间相互依赖的关怀关系是道德的源泉，相较于主流道德理论，尤其是康德主义和功利主义，关怀伦理拒斥形而上的理论基础以及对道德法则的普遍说明，主张用"关系"视角代替"行动者"视角，关怀伦理更加注重现实的关怀关系而不是判断行为的是非对错，更加关注关系中的道德责任而不是道德义务，更加重视内在的情感体验而不是外在的理性法则证明。[③] 起初，关怀伦理主要停留在私人关系领域，后来研究者致力于将其发展为建立在广泛关系基础上的普遍性伦理。琳达·斯泰纳（Linda Steiner）与查德·M. 奥克鲁斯（Chad M. Okrusch）指出关怀伦理与正义伦理相对，在一定程度上为新闻伦理实践提供了一种替代模式，或者是一种补充模式。正义伦理虽然占据主导地位，但不足以指导职业新闻工作者的道德决策，例如，记者被要求为了公

---

① M. Sobré-Denton, "Virtual intercultural bridgework: Social media, virtual cosmopolitanism, and activist community-building," *New Media & Society* 18（2016）: 1715-1731.

② 李鲤：《虚拟世界主义：理论缘起与现实进路》，《现代传播（中国传媒大学学报）》2019年第6期，第24~28页。

③ 赵宁：《关系本体论：儒家"仁"与西方关怀伦理》，《北京师范大学学报》（社会科学版）2020年第4期，第133~142页。

共利益，冷静地获取信息并客观地交流信息，并被期望能够无私地为公共利益服务，而这在现实中很难做到。相较于正义伦理，关怀伦理更适合作为全球新闻伦理的普遍原则。正如前文所述，追求正义需要记者坚持中立和公正的原则，但在现实情景中记者难以做到，而关怀伦理回避了中立原则，认为人民之间有不可分割的关系，因此人们有义务为公共利益行动。记者不仅需要关心诸如真实性和准确性等职业价值，还需要注重关怀价值，用新闻感动更多的读者，使大家关心周围的人和组织。[1]

穆罕默德·德瓦尔·侯赛因（Mohammad Delwar Hossain）和詹姆斯·奥肯（James Aucoin）进一步指出关怀伦理是实现普遍伦理的路径之一。一个记者如果与自己的城市保持关爱关系，那么他也会与自己的国家、地区乃至世界保持关爱关系，虽然每一种关系都是不同的，但它们都是重要的。这种记者对自己所在社会的普遍关心可以成为讨论全球新闻伦理的基础。基于关怀伦理构建全球新闻伦理，就能够引导记者对国际事件进行更加符合人道主义的报道。比如，对于全球性的移民危机事件，关怀伦理可以引导记者在关注政策和制度负担的同时，更多地关注那些正在努力逃离战争、恐怖和饥荒，到其他国家寻求安全生活的难民，从而促进移民问题的解决。[2]

正义伦理强调客观性、中立性与超然性，绝对中立的价值取向让新闻从业者在实际工作中难以处理好自身民族情感与职业准则之间的矛盾。而关怀伦理模糊了区域的界限，更加强调对受众群体的"博爱"，将对本国本民族本地区同胞的关爱与同情拓展到人类整体，从而使新闻从业者突破区域限制，在遵守伦理准则的同时承担起整个社会的责任。

（三）对话伦理提高全球新闻伦理的开放包容性

新闻伦理最初是一种封闭式的职业伦理，其适用对象是报纸、广播等媒体的专业记者。如今，网络用户成为新闻内容的生产者与传播者，新闻伦理从一种封闭式职业伦理走向了开放式大众伦理。斯蒂芬·J. A. 沃德

---

[1] L. Steiner, & C. M. Okrusch, "Care as a virtue for journalists," *Journal of Mass Media Ethics* 21 (2006): 102-122.

[2] M. D. Hossain, & J. Aucoin, "The ethics of care as a universal framework for global journalism," *Journal of Media Ethics* 33 (2018): 198-211.

和赫尔曼·瓦瑟曼提出开放式媒体伦理的基础理念是"热情、真诚、求实"的参与理念，这种理念具备跨越社会和国家边界的全球化视野，具有宽容、尊重和自我反思的内涵。① 他们认为开放伦理是一种参与式的探究模式，强调包容性的讨论过程，是一场自下而上的跨国界对话，这种对话在寻找共同点的同时，也尊重观点的多样性。

对话伦理是开放伦理的一个分支，斯蒂芬·J. A. 沃德和赫尔曼·瓦瑟曼认为对话伦理包括"对话"与"倾听"。两人认为"对话伦理"适合以不平等、冲突和文化多样性为特征的交流环境，是一种适用于全球范围的道德规范。② 在新闻传播领域，"对话伦理"强调将"表达和言论自由"的权利扩展到"被倾听和被理解"的权利，这种从强调表达到强调倾听的转变在多元化社会中尤为重要，它为解决世界各地不同国家之间对话的复杂性问题提供了途径。"对话伦理"能够与关怀伦理相结合，将个人的表达权利与个人的尊严联系在一起，注重我们与他者的关系。"倾听"是基于文明、同情和尊重的价值观，它能够促使媒体内部与媒体之间展开包容性讨论，在理论建设过程中积极寻找被忽视、被边缘化的声音，让对话中的所有参与者通过换位思考的方式来倾听、理解彼此。"对话伦理"强调尊重和认真倾听他人，强调社会性、理性和以人为本，鼓励人们去理解与自身完全不同的人的处境。

全球新闻伦理需要跨越国界，由不同文化、不同地区的专业新闻从业者和普通民众共同构建，"对话伦理"为构建全球新闻伦理提供了一种路径，不同国家、不同民族之间的对话不一定是寻求共识，而可以是寻求彼此理解，提高全球新闻伦理的开放包容性，使之更容易适应文化多样、冲突不断、不完全平等的国际社会。

（四）新闻伦理普遍准则的实践启示

在实践层面，研究者提出了诸多具体的全球新闻伦理准则。罗伯托·赫尔舍尔建议明确区分媒体所有者、公众和职业记者的道德准则。他针对记者

---

① S. J. A. Ward, & H. Wasserman, "Towards an open ethics: Implications of new media platforms for global ethics discourse," *Journal of Mass Media Ethics* 25 (2010): 275-292.

② S. J. A. Ward, & H. Wasserman, "Open Ethics: Towards a global media ethics of listening," *Journalism Studies* 16 (2015): 834-849.

群体提出了新闻道德普遍准则，包含八条内容：第一条是真实性，记者需要准确清晰地讲述真实发生的事件；第二条是完整性，记者需要确保收集信息的完整性；第三条是在呈现与利益相关的内容时，记者需要让公众了解媒体所有者、消息来源与新闻事件中人物之间的关系；第四条是自由、独立和自尊，普遍的新闻道德准则应推动记者和媒体建立关系，在这种关系中，记者的诚信、独立和专业标准以及公众获得公正报道的权利都应得到尊重；第五条是诚实，诚实是记者重要的价值观，记者需要让公众了解信息是如何收集的，以及记者为什么认为这些信息是重要的；第六条是尊重隐私和荣誉，记者需要尊重普通人的个人生活隐私，以及公众人物在有限范围内的个人隐私；第七条是记者需要公平对待少数群体；第八条是重要性和相关性，记者需要关注社会公共生活中的基本问题。① 罗伯托·赫尔舍尔认为记者的行为、准则与恶习越来越同质化，因此有必要制定一套具有普遍性的全球道德规范并推广到世界每个角落，使其成为一种基础性的道德规范。

也许普遍标准不会为新闻业许多实质性问题的解决提供现成的方案，但是对新闻业普遍道德标准的追求是值得的。赫布·施特伦兹（Herb Strentz）基于互惠伦理提出了四个适用于新闻业的普遍标准："第一，克制：暴力绝不是解决冲突的首要手段。第二，认识你自己：自欺欺人对个人或社会都不是一种健康的做法。第三，尊重他人：不要滥用自己的权威或权力。第四，承担责任：要对自己行为的后果负责。"② 赫布·施特伦兹认为这四条标准与新闻业的日常实践相关，可以适用于不同文化和不同道德理念下的实践。斯蒂芬·J. A. 沃德等认为新闻伦理不仅要适用于专业人士，而且应当适用于任何利用媒体从事新闻工作的人。③

研究者关于全球新闻伦理普遍准则的探究，实际上是探讨全球新闻伦理的可操作化规范。全球新闻伦理并不能仅存在于理论层面，因此这种讨

---

① R. Herrscher, "A universal code of journalism ethics: Problems, limitations, and proposals," *Journal of Mass Media Ethics* 17 (2002): 277-289.

② H. Strentz, "Universal ethical standards?" *Journal of Mass Media Ethics* 17 (2002): 263-276.

③ S. J. Ward, & H. Wasserman, "Towards an open ethics: Implications of new media platforms for global ethics discourse," *Journal of Mass Media Ethics* 25 (2010): 275-292.

论的最终目标是使其过渡到实践层面，切实为世界各地新闻从业者的职业行为提供参考依据。

四　本章总结

构建全球新闻伦理是一个开放式的研究领域，研究者从理论和实践的不同层面，进行了各种有意义的尝试，这些努力表明构建全球新闻伦理在当今时代仍有其价值。通过对全球新闻伦理的反思与探索可以发现：尊重人性中的善是大家普遍认同的价值观，全球新闻伦理并不是一味要求"世界大同"，而是需要具有普遍性与包容性，既需要合理的普遍性原则指导全球新闻业的实践，同时也需要承认不同国家、不同社会之间的差异，给予不同文化解释这些基本原则的弹性空间。

对全球新闻伦理的探讨处于起步阶段，后续研究还可以围绕"不同国别、不同文化背景的记者对全球新闻伦理准则的接受度""全球新闻伦理准则下不同地区的新闻实践活动"等问题展开。构建全球新闻伦理将是一个长期的过程，而且需要不同文化之间进行对话，在此过程中将存在种种矛盾和挑战，正如斯蒂芬·J. A. 沃德所言，构建全球新闻伦理是一项艰巨的任务，仅仅通过新闻工作者或媒介学者的工作在很大程度上是无法完成的，这需要全社会的努力或跨界努力。①

---

① 单波：《全球媒介伦理的多重对话与多重实现——斯蒂芬·沃德（Stephen J. A. Ward）访谈录》，《跨文化传播研究》2021 年第 1 期，第 17~28 页。

第四章　新闻伦理规范的共通准则
和区域性准则之评述

如今，新闻工作者的足迹遍布世界各地，区域性的新闻报道被推送到世界其他国家的读者面前，信息传播具有了跨国、跨文化的特征。为避免在新闻报道采写过程中冒犯采访对象以及被报道地区的新闻报道规范，了解各地的新闻伦理规范成为必要。另外，随着新闻传播的全球化，不少研究者从理论的角度探讨了建构全球新闻伦理的可能性，而从各国新闻伦理规范文本的角度切入，分析其中的共识性条文，将为建构全球新闻伦理的研究提供新的视角和现实参考。

基于此，本章围绕两个问题展开研究：其一，分析不同国家的新闻伦理规范在何种伦理原则上达成较高的共识，即探讨全球各国新闻伦理准则中的共通准则；其二，探讨哪些伦理原则凸显出地域、文化特征，即全球各国新闻伦理准则中的区域性准则。

为了达到研究目的，本研究对收集、翻译的 79 个国家和地区的 134 篇新闻伦理规范进行内容分析，① 提取出每条规范对应的新闻伦理准则，通过数量统计获知全球新闻伦理规范中提及率比较高的伦理准则和具有特殊性的伦理准则。

---

① 本研究主要通过专门的新闻伦理网站或新闻自律组织网站寻找新闻伦理规范，尽量选取世界各大洲主要国家、地区的全国性新闻伦理规范。下文涉及的各个国家和地区的新闻伦理规范准则文本内容来自以下两本书：牛静编著《全球媒体伦理规范译评》，社会科学文献出版社，2018；牛静、杜俊伟编著《全球主要国家媒体伦理规范》，华中科技大学出版社，2017。

本研究在整个研究过程中利用了几个主要的专业网站、Google 搜索和 Google 翻译，从而使找寻这些规范成为可能。①

网站一：http://ethicnet.uta.fi/。该网站主要收集了欧洲国家的新闻伦理规范，在 1995 年网站建立时，共收集了欧洲 30 个国家的 31 篇新闻伦理规范；在 2008 年更新、收集了欧洲 46 个国家的 50 篇新闻伦理规范，将其他语言的伦理规范翻译成英语的工作是由坦佩雷大学（University of Tampere）完成的，最终这些网站上的新闻伦理规范都是英语版本。

网站二：https://www.rjionline.org/。该网站是美国密苏里大学唐纳德·W. 雷诺兹新闻组织创办，在网站中有伦理规范专栏（http://ethics.rjionline.net/），其中有亚洲、美洲、非洲各国以及国际性的新闻伦理规范。

网站三：http://al-bab.com/。该网站建立于 1998 年 2 月，创办初始主要介绍也门的政治、文化、媒体情况，目前网站提供的信息已扩展至阿拉伯世界的许多国家，在该网站上，可以找到阿尔及利亚、埃及、沙特阿拉伯、突尼斯等国的新闻伦理规范。

网站四：http://www.columbia.edu/itc/。该网站是哥伦比亚大学课程指导库（Course Web Space Directories），在网站新闻伦理栏目下，有世界上主要国家的新闻伦理规范（http://www.columbia.edu/itc/journalism/j6075/edit/ethiccodes/），该栏目中新闻伦理规范的上传时间为 2000 年 10 月 18 日。

网站五：https://accountablejournalism.org/。这是 2002 年由克劳德-让·贝特朗（Claude-Jean Bertrand）建立的新闻伦理网站，其目标是成为全世界最大的新闻伦理规范和新闻组织汇集网站。该网站主要介绍全球各国的新闻伦理规范和新闻评议会组织。

网站六：新闻评议会或新闻自律组织的网站。对于有新闻评议会或新闻自律组织的国家来说，一般具有影响力的新闻伦理规范都是由这些机构

---

① 由于以上网站是对各国新闻伦理规范进行汇总的网站，而非新闻伦理规范发布的原始网站，故在准确性、及时性方面存在欠缺。我们的做法是，先在这些网站上查询，并进行交互印证，继而将查询所得的伦理规范的名字，利用 Google 搜索和 Google 翻译，查找原始网站，尽可能地查找到发布新闻伦理规范的相关组织网站，进行核对。

发布的，所以直接查询这些网站便可以获得该国的新闻伦理规范文本。

研究发现，在全球134篇新闻伦理规范中，提及率排名前十的伦理准则分别是保护消息来源、保护隐私、更正、准确、明确新闻界限、保障表达自由、避免利益冲突、以正当方式获取信息、独立、禁止剽窃抄袭（见表4-1）。下面具体对每一种伦理准则的规定进行分析。

表4-1　全球新闻伦理规范中的共通伦理准则

单位：篇,%

排名	准则	数量	占比
1	保护消息来源	93	69.40
2	保护隐私	86	64.18
3	更正	84	62.69
4	准确	80	59.70
5	明确新闻界限	76	56.72
6	保障表达自由	76	56.72
7	避免利益冲突	74	55.22
8	以正当方式获取信息	68	50.75
9	独立	66	49.25
10	禁止剽窃抄袭	62	46.27

注：表中的百分比按照四舍五入的原则，取小数点后两位。

一　全球新闻伦理规范的共通准则

（一）保护消息来源

消息来源是向记者提供线索的机构、个人。保护消息来源是指不公开消息来源的相关信息，包括姓名、工作单位、住址等一切可能危及消息来源正常生活或安全的信息。在134篇新闻伦理规范中，有93篇提到了保护消息来源，提及率为69.40%。

提及保护消息来源的93篇规范中，规定对消息来源进行绝对性保护的规范有59篇，占比63.44%。绝对性保护是指一旦记者向消息来源做出承诺，无论在何种情况下，都不得向任何人透露消息来源的相关信息。如摩尔多瓦《记者职业道德准则》规定："保护个人隐私以及秘密的消息来源，应被视为新闻记者的权利和义务。"马来西亚《新闻评议会职业伦理规范》规定："如果信息是从匿名消息来源那里获得，应当不公开匿名消息来源。新闻工作者不能被新闻评议会强迫要求公开这种消息来源。"刚果（金）《新闻工作者伦理规范》规定："每一个新闻工作者都必须明确以下权利：保护新闻来源。"

此外，有些国家的伦理规范规定给予消息来源相对性保护，即列出了保护消息来源的例外情况，这些例外情况如下。其一，当消息来源同意公开自己的身份时，保护消息来源原则失效。如博兹瓦纳《新闻伦理规范》："当新闻从业者承诺对信息源进行保密时，便应当严格执行，除非信息源自身公开信息。"其二，当保护消息来源与公共利益发生冲突时，保护消息来源原则失效。如坦桑尼亚《媒体与新闻编辑伦理规范》："一般情况下，不公开保密信息的来源。如非公共利益的需要，应当避免侵犯个人隐私和他人尊严。"其三，当记者报道了虚假信息时，保护消息来源原则失效。如哥伦比亚《波哥大记者协会道德规范》："当发生以下情况时，新闻记者可能会被免责（即可以披露消息来源）：A.（记者）被消息来源欺骗时。"其四，当法庭要求公开消息来源时，记者要提供消息来源。如坦桑尼亚《广播员伦理规范》："必须兑现向消息来源所做的保密承诺。如果被要求公开消息来源的身份，在消息来源同意的情况下可以公开。法庭不认可新闻来源的神圣性，不向法庭公开消息会导致处罚。"斯洛伐克《记者联合会伦理规范》："记者有义务为他/她的信息来源保守秘密，直到线人或法院免除此责任。"

从统计结果来看，保护消息来源的例外情况多与违背报道真实、消息来源自身公开、公共利益需要、法庭审判需要有关。可见，对消息来源保护的相对性并不等于公开消息来源的任意性。唯有出于公共利益的考量、为保证司法公正或当事人同意时，才可以公开消息来源。特定情况与特定机构之外的其他因素不能强迫记者公开消息来源。

基于以上对全球新闻伦理规范中"保护消息来源"准则的分析，新闻从业者的伦理规范可以做如下规定：

如果新闻从业者承诺不透露消息来源，特别是当公开消息来源会对提供消息的人带来伤害时，那么新闻从业者应当履行保密承诺，除非消息来源提供的信息事关公共利益、提供的信息不实或消息来源同意公开身份。

（二）保护隐私

在全球 134 篇新闻伦理规范中有 86 篇规范规定媒体/记者应当保护公民的隐私。但这些规范多采用相对保护的原则，即在以下两种情况下，可以公布隐私。

其一是当个人隐私与公共利益相关时。在 86 篇规定保护隐私的规范中，有 63 篇（约 73.26%）新闻伦理规范规定了出于公共利益的需要可以报道个人隐私，如保加利亚《媒体伦理规范》规定："只有在符合公共利益的情况下，才允许公布儿童的私人生活信息与照片。"波斯尼亚和黑塞哥维那《报业规范》规定："新闻工作者应当避免入侵和打听个体的私生活，除非这种入侵和打听是符合公共利益的。"其二是当公众人物从事与公共利益相关的活动时。如爱尔兰《报纸期刊实践准则》规定："公众人物享有隐私权。然而，当一个人拥有公职、从事公共事务、影响公共利益，或者他的行为已经被公开，那么，公开他私人生活和环境的相关细节是合理的，因为这些信息披露与他个人行为的正确性、公开声明的可信度、公开意见的价值以及其他关乎公共利益的事宜相关。未经许可而使用个人在私人场合拍下的照片是不被允许的，除非基于公共利益相关的理由。"印度《新闻评议会伦理准则》规定："新闻工作者不得以纠缠不休的方式来获取公众人物的私人谈话信息，而公众人物也应尽量配合新闻媒体的工作，让他们能履行职责，向公众告知其代表人物的所作所为。"

新闻伦理规范中关于隐私的规定有两处相同点：其一，原则上，不论普通个人还是公众人物，都享有个人隐私不被侵犯的权利，但公众人物的隐私权保护范围要小于普通个人；其二，无论个人身份如何，一旦个人隐私与公共利益有关时，其隐私受保护的范围就要缩小。以相对保护的方式对隐私报道进行伦理规范，一方面，可以防止记者恣意公开公民的个人隐私；另一方面，当公民以保护隐私的名义拒绝公开与公共利益相关的信息时，可以赋予记者拥有报道其隐私信息的伦理依据。

基于以上对全球新闻伦理规范中"保护隐私"准则的分析，新闻从业者的伦理规范可以做如下规定：

（1）除非与公共利益有关或取得当事人同意，新闻从业者应当尊重每个人私生活不受侵犯的权利；

（2）公众人物同样享有隐私不被侵犯的权利，但当信息与公共利益有关或属于公众有权获知的部分时，公众人物需要让渡这一部分的隐私；

（3）不可披露未成年人、性侵害事件受害人的姓名、住址、照片及其他可能推断出其身份的信息。

（三）更正

当媒体报道的信息有错误时，更正是保证新闻准确性的一种弥补方式。在全球134篇新闻伦理规范中，有84篇新闻伦理规范提及了更正原则，占所有规范的62.69%。这些规范要求媒体在发现有误信息时，应当"迅速""及时"地更正，但在具体的操作上，不同的规范之间有些许差异。

首先，更正的内容不同。一些伦理规范规定要更正错误信息、失实信息，如波斯尼亚和黑塞哥维那《报业规范》规定："新闻工作者有专业义务去迅速改正已发表的不准确信息。"刚果（金）《新闻工作者伦理规范》规定："自觉地更正那些被证明部分不准确或全部不准确的信息，不惜代价地刊载这些更正，即使报道中涉及的个人没有要求（媒体）进行回复、修正和阐释。"白俄罗斯《新闻工作者伦理守则》规定："大众媒体应该尽快并完整地纠正错误。更正应该及时地在明显位置发布。"德国《新闻工作伦理准则》规定："已经刊发或已确认但随后又被证实有误的新闻或消息，尤其是涉及私人信息的，必须由该出版机构以适当的方式迅速加以修正。"纳米比亚《媒体伦理规范》规定："如果一份报道的内容被发现有实质性的错误，那么编辑应立即毫无保留地加以更正。"除此之外，还有些规范规定误导性陈述、侮辱性内容也属于需要更正的对象。如乌干达《新闻记者伦理规范》规定："对特定的个人或组织已进行的损害性报道，记者应采取必要的措施予以更正。"

其次，更正的具体措施不同。一些规范除了要求记者对失实信息进行更正外，还规定媒体要向读者致歉、给予当事人/被批评者回应的权利，甚至还规定了更正信息的版面位置、字号大小和回应速度。如纳米比亚《媒体伦理规范》规定："更正后的报道应该发布在显著的版面和时段，使公众能方便地关注到。"日本《新闻伦理纲领》规定："如果个人和集体受到诽谤，应采取给当事人提供回应机会等措施来进行纠正。"英国

《编辑业务准则》规定："必须及时改正所传播的不明确的、误导性的陈述或者歪曲的信息，并需要在合适的位置给予明显的道歉。当事涉独立媒体标准组织时，道歉应按监管方的具体要求来进行。"立陶宛《新闻工作者和出版商的伦理规范》规定："如果大众媒体上的信息中有明显的虚假事实，该信息应当被收回，或者立刻否定错误的和不准确的事实，信息发布者不应该有任何托词，纠正方式是在同一媒体的一个适当的地方，使用相同大小的字体，以相同的形式发表更正。"西班牙《新闻职业道德准则》规定："如果已知所传播的信息为虚假的、误导性的或歪曲的信息，记者应该使用形式相同的排版或视听形式尽快纠正这个错误，也应该在适当的时机通过媒体表达歉意。"

虽然各国新闻伦理规范在更正内容、更正方式、更正措施上有些许差异，但它们对新闻真实、准确的追求是一致的。

基于以上对全球新闻伦理规范中"更正"准则的分析，新闻从业者的伦理规范可以做如下规定：

新闻从业者应当及时更正那些不准确、含有歧视、误导性和伤害他人名誉的信息，即使报道中涉及的个人或组织没有要求媒体进行回复和更正。网络媒体除更正外，还需及时撤销上述信息，并向当事人和读者发表致歉声明。更正的内容应当置于显著位置，尽量避免重述原始信息。

（四）准确

真实是新闻的生命，准确是真实的重要保障。在 134 篇新闻伦理规范中共有 80 篇规范提及了准确的原则，占总数的 59.70%。新闻伦理规范对于准确原则的规定大致分为三种类型。

其一，从记者、媒体的责任角度规定准确报道是其职责所在。如巴西《记者道德规范》规定："媒体有责任保证信息的准确性和传播的正确性，而且不能受到所有者政治路线和经济性质的影响。"加拿大《广播标准委员会道德准则》规定："广播公司应确保以准确和不带偏见的方式呈现新闻，并通过新闻的制作和传播环节加以实现。"哥伦比亚《波哥大记者协会道德规范》规定："新闻记者必须将信息放置在背景中考虑，并避免在援引中改变当事人说出或写下的本意；他们每次务必要确认引语的准确意思。"

其二，从满足公众知情权的角度强调媒体报道要准确。如几内亚《记者协会道德准则》中提及记者的职责："应尊重事实的准确性，无论其后果如何，都要始终坚信，公众有权知道真相。"赞比亚《媒介委员会伦理规范》规定："记者有准确、客观、公正地报道事实真相的责任。"南非《广播投诉委员会章程》不仅提及"公众具有知情权"，而且认为"新闻业的终极目标是提供真实、准确、平衡和公正的报道，这也是赢得公众信任和信心的基础。"

其三，从微观上规定要准确使用材料，包含不歪曲原材料（包括图片、视频、引语等），力图还原材料本身的意涵和语境等。如摩尔多瓦《记者职业道德准则》规定："记者应该使用引证，确保引证的精确无误。在部分引用的情况下，记者不得歪曲被引用的信息。图片应准确地反映事实，不得进行特效处理，以免造成对人物和事件的错误印象。拼贴画除外，但也必须给出标示。"乌克兰《记者伦理准则》规定："编辑修正的材料包括图片、文本、标题、视频和脚本等，不得扭曲材料的内容。"卢旺达《新闻从业者道德规范》规定："新闻公众者应避免使用任何与事实不符或与所发布、出版的内容不符的耸人听闻的标题。标题和图片的文字说明应该是对有关报道或图片内容的合理反映。海报不得误导公众，且须是对有关内容的合理反映。图片不得出现歪曲或误导，也不应被操控。"阿根廷《新闻论坛伦理规范》规定："应忠实地呈现消息来源所说的话，包括其话语中所体现出的精神和意图，不得进行扭曲或隐匿。在处理未受教育的消息来源所提供的信息时，应避免潜在的表述困难或语法错误。"

如果更正可以被视为事后补救准确性的措施，那么新闻伦理规范要求媒体报道要确保准确可以被视为一种事前要求。在提及更正的84篇新闻伦理规范和提及准确的80篇新闻伦理规范中，有63篇新闻伦理规范既提到了准确，又提到了更正，足见准确在伦理规范中的重要位置。

基于以上对全球新闻伦理规范中"准确"准则的分析，新闻从业者的伦理规范可以做如下规定：

（1）提供准确的信息，满足公众的知情权是新闻从业者的职责；

（2）在报道发布之前，新闻从业者应当对其中的事实性信息进行核实，引语、图片、数据的使用应当准确，不偏离原意和原始语境；

（3）报道的标题不应具有误导性，应当与报道的内容相符；

（4）对于哪怕存有丝毫疑虑的信息，新闻从业者都应放弃，或以专业标准所要求的方式进行保留性发布。

（五）明确新闻界限

在本研究中，明确新闻界限是指新闻事实与观点相区分、新闻报道与广告相区分。在全球 134 篇新闻伦理规范中，有 76 篇新闻伦理规范提到了明确新闻界限，占总数的 56.72%。

在新闻伦理规范中明确新闻界限的目的是服务公众，使公众在获取新闻信息时不被广告、观点误导。如美国《〈华盛顿邮报〉的标准和伦理规范》规定："在这家报纸，新闻栏目、社论页面和驳论页面的区分是郑重且完整的。这种区分是为了服务受众，他们有权了解新闻栏目的事实、社论和专栏页面的观点。"智利《新闻工作者协会的伦理准则》规定："记者应当清楚地标明新闻与广告，以避免公众将其混为一谈……记者必须对事实、观点和解释进行区分，避免对其进行混淆或别有用心的歪曲。"

新闻伦理规范要求将新闻与广告相区分的另一个目的是体现媒体的专业性和独立性，特别是保证经济利益不会干涉新闻报道。如尼日尔《记者道德宪章》规定："记者必须抵制和谴责任何腐败的企图。他/她不能也不应该期望通过发布或不发布某条新闻或评论来获得益处……他/她必须拒绝广告商的任何直接或间接的指示。他/她不得帮助促销或宣传任何商业产品。"

关于如何使新闻与广告、事实与观点相区分，新闻伦理规范中有规定。一是强调广告与新闻文本的区分，如美国《杂志编辑协会伦理指导方针》规定："不管在什么平台以什么形式，编辑部应把报道编辑内容和营销信息的区别告知普通受众……为了确保这种标签足够清楚且引人注目，美国杂志编辑协会建议印刷广告单位使用一些术语，例如广告和特定广告单元，并进一步建议这些术语应该以可读的形式水平地集中印在每个广告单元的顶部。"二是强调新闻工作者的职责与广告商区分，并且应当确定责任归属，如几内亚《记者协会道德准则》规定："不要将记者的工作同广告商或宣传者相混淆。"肯尼亚《新闻行为准则》声明："编辑应该对报纸上刊登的所有内容包括广告承担责任。如果想撇清责任，那应该事先明确声明。"

此外，关于如何使事实与评论、观点相区分，不少新闻伦理规范也有规定，如斯洛文尼亚《记者准则》规定："记者必须区分信息和评论，并且事实与评论的区分必须十分明显。"尼日尔《记者道德宪章》规定："记者将行使他/她的意见自由权，但须对公众获取信息的权利给予应有的尊重。无论情况如何，新闻报道或新闻评论的事实的准确性绝不能被个人意见扭曲。"多哥《新闻记者伦理准则》规定："记者在任何问题上，都可以自由地采取立场。但是，他们有责任将观点和事实进行分离，不得误导公众。"

如果不对新闻的界限进行规范，新闻工作者的某些行为会超出专业范畴，进而给新闻媒体的专业性、独立性带来威胁。媒体规范对此进行规定，既提前建起了"防火墙"，又彰显了自身专业性。

基于以上对全球新闻伦理规范中"明确新闻界限"准则的分析，新闻从业者的伦理规范可以做如下规定：

（1）在报道中应当明确区分事实与观点，新闻中的观点应当交代出处，不得将评论、推测当作事实发表；

（2）新闻与广告相区分，广告信息应带有明显的标记，避免误导读者。尤其在网络媒体中，应当杜绝以新闻的形式呈现广告。

（六）保障表达自由

在新闻伦理规范中，有 76 篇新闻伦理规范直接提及了保障表达自由，提及率为 56.72%。

新闻伦理规范中对表达自由等的定位，主要有以下两类表述。其一，强调其是人类最基本的自由、权利，是其他权利的基石。如哥伦比亚《波哥大记者协会道德规范》规定："信息使用权是人的基本权利之一。"巴西《记者道德规范》规定："获取与公共利益相关的信息是一项基本权利。"尼泊尔《记者职业道德规范》规定："言论自由是公民、新闻记者和媒体的基本权利，应当一直坚守、保护并促进该项权利。"比利时《新闻业准则》规定："没有表达自由，其他基本的公民自由也无法得到保障。"塞内加尔《媒体伦理宪章》规定："每个人都有自由发表意见、自由表达的权利，此项权利包括不受干涉地保持自己意见的自由，以及不论媒介和不分国界地探寻、获取与传播信息和思想的自由。"其二，强调其是民主制度、民主社会的一部分。多哥《新闻记者伦理准则》规定："言论自由权、知情权和批评权是每个公民的基本权利。使公众有权知道新闻和观点，是记者们权利和义务的源泉。"几内亚《记者协会道德准则》规定："获取信息、发表言论和进行批评是每个人的基本自由和权利，也是建立民主、正义和自由的社会的基石之一。"

新闻伦理规范对表达自由内涵的描述，可以概括为三个方面。其一，收集/获取信息的自由，主要是指自由接触信息来源，如奥地利《媒体伦理规范》规定："以语言或图片的方式自由地进行新闻报道和评论，是媒体权利必不可少的组成部分，对其采集和传播过程不应施加限制。"斯洛文尼亚《记者准则》规定："在收集和传递信息以及报道案件时不被妨碍，以及合理地访问和使用被非法限制的信息，是记者的权利。"其二，强调表达言论的自由，即媒体、记者、个人有权发表观点、批评，如法国《记者职业伦理宪章》规定，捍卫表达、意见、信息、评论和批评的自由。其三，强调发布、传播信息的自由，如希腊《媒体伦理法典》规定："无论在何处，无论在何种情况下，新闻工作者应该捍卫言论自由和无限制地传播新闻和观点的权利，以及批评的权利。"

至于如何实现表达自由，有47篇媒体伦理规范做出相关规定：捍卫表达自由和抵制外来压力。加纳《新闻工作者协会伦理规范》指出："在任何情况下，新闻或出版都不应当被镇压，除非它涉及国家安全或公共利益。"斯威士兰《全国记者协会道德规范》指出："在任何情况下，新闻或出版物都不应该被压制，除非因国家安全或公共利益的需要而必须如此。"在南非《广播投诉委员会章程》中，这种表达自由也被延伸到电子媒体中，如："电子媒体亦有权对任何公共行动或具有公共重要性的行动进行批评或评论，但这些批评必须诚实而公正。"

表达自由固然重要，但这并不意味着可以滥用自由，不意味着追求自由可以违背法律、道德，危及国家安全等，即表达自由是有限制的、相对的自由。如西班牙《新闻职业道德准则》规定："在享受自由表达和自由传递信息这一宪法权利的同时，记者也应意识到其行为必须受到相应限制，以防止其他基本权利受到侵犯。"智利《新闻工作者协会的伦理准则》规定："记者有责任采取一切合法的方法阻止那些影响行使言论自由权、破坏信息接近权的行为。现有法律本质上是禁止这种（干涉）行为的。记者应当维护社会公众获得准确、多元、负责和及时的信息的权利。"法国《记者职业伦理宪章》规定："不得出于牟利的目的而滥用自由。"纳米比亚《媒体伦理规范》规定："不得出于私利的动机而践踏媒体自由、社会责任感和编辑自由。"

基于以上对全球新闻伦理规范中"保障表达自由"准则的分析，新闻从业者的伦理规范可以做如下规定：

确保媒体表达自由是满足公众知情权、表达权、监督权的基础。自由地接触消息来源、发布新闻信息与观点是新闻从业者的权利，这一权利应当受到《世界人权宣言》等国际公约和法律的保护。同时，新闻从业者在行使表达自由的权利时，应处于国家法律和社会道德许可的范围内。

（七）避免利益冲突

避免利益冲突是指新闻工作者在履行专业责任时，应当避免陷入各种利益冲突，从而影响报道的公正立场。在134篇新闻伦理规范中，有74篇规范提及该方面的规定，提及率为55.22%。这些规范中的利益冲突主要是指经济利益冲突和记者在其他机构兼职与媒体工作的冲突，对此方面的禁止性规定主要有以下三类。

其一，规定记者或媒体不得接受奖金、礼品、旅游等馈赠。如美国《专业记者守则》规定："记者应当拒绝礼物、人情、金钱、免费旅游或任何特殊待遇。"哥伦比亚《波哥大记者协会道德规范》规定："记者不得接受新闻来源者提供的报酬、礼物或好处，包括荣誉或奖品在内的任何形式。"立陶宛《新闻工作者和出版商的伦理规范》规定："新闻工作者无权接受礼物、免费旅行、带薪休假，以及可能影响其独立性的任何其他利益。"埃塞俄比亚《新闻工作者专业伦理规范》规定："新闻工作者不得利用他所发表的新闻、评论、节目、照片或电影直接或间接地接受贿赂、礼物或其他好处，从而给新闻行业丢脸。"南苏丹《印刷媒体道德规范》规定记者不得"接受礼物、赃物或其他利益诱惑"。

其二，规定记者不得利用自己的职位和掌握的信息购买股票、证券等，以换取个人的经济利益。如南苏丹《印刷媒体道德规范》规定："在公开发表之前，新闻工作者不能利用他们得到的经济信息谋取利益，也不应将这样的信息传递给他人。"美国《杂志编辑协会伦理指导方针》规定："编辑不能从企图影响其编辑报道的人那里接受好处或礼物。编辑不能接受他们所报道的任何一家公司给的经济利益。"爱沙尼亚《报业伦理规范》规定："从事经济和金融信息报道的新闻工作者不应擅自发布信息或将之用于谋求个人利益。"

其三，规定记者不得在政府机构、公共机构、企业中任职，不得卷入政治活动。如俄罗斯《新闻工作者专业伦理规范》规定："新闻工作者要意识到他/她的职业身份与政府、立法或司法权力机关以及政党的执政机关或其他政治性组织的职业身份是不兼容的；新闻工作者要承认：当他/她的手中有权力的时候，他/她的职业活动就要停止了。"摩尔多瓦《记者职业道德准则》规定："新闻记者不得担任国家政府机关、立法或执法机构以及政党机构的任何职位。"

综上，新闻伦理规范从规范新闻记者的职业行为和约束新闻记者担任其他社会角色两方面入手避免记者陷入利益冲突，目的是使记者避免因经济利益的诱惑或驱使、因身兼的其他社会角色而做出违背新闻职业道德和新闻专业操守、损及报道客观性的行为。

基于以上对全球新闻伦理规范中"避免利益冲突"准则的分析，新闻从业者的伦理规范可以做如下规定：

（1）新闻从业者应当拒绝任何可能有损报道真实性和客观性的经济利益的诱惑，如车马费、旅游、礼品等馈赠；

（2）新闻从业者不应利用职务之便谋取私利，如不应报道与自己或家人有利益关系的股票、证券等。

（八）以正当方式获取信息

以正当方式获取信息是指记者在收集信息的过程中，应当使用合乎法律、道德规范的手段获得信息，如采用诚实、公开、恰当的方式获取信息。在全球各国新闻伦理规范中，有68篇新闻伦理规范有类似的规定，提及率为50.75%。如克罗地亚《新闻工作者荣誉准则》规定："记者不能用不诚实和违法的方式获取图片、信息和文件。"俄罗斯《新闻工作者专业伦理规范》规定："当新闻工作者履行他的专业职责的时候，不能诉诸非法和不可取的方法来获取信息。"印度《新闻评议会伦理准则》规定："禁止用金钱或物质奖励来换消息来源，或者报道对象的信息或参与。"这些不公平或不恰当的方式包括"歪曲事实、施加压力、威胁恐吓、制造紧张，以及在常规状况下使用窃听手段"。

当然，新闻伦理规范在要求记者使用正当手段收集信息的同时也列出了例外情况。有26篇新闻伦理规范列出了使用非常规手段收集信息的情况：当使用其他手段无法获得信息且该信息与公共利益有关时。如尼日利亚《记者伦理规范》规定："记者应尽可能使用公开和诚实的方法来收集信息。只有在保障公共利益需要时才能使用特殊的信息收集方法。"卢森堡《新闻伦理准则》规定："记者和编辑应避免任何通过匿名工作或其他秘密的、应受谴责的方法去获得信息、声音、图像和文件。他们不应试图采取任何隐瞒性操作获得信息，除非该信息的重要程度可以证明这样做是正当的，且无法从其他地方获知该信息。"

收集信息是新闻采写过程中重要的环节，能否收集到信息，以及能否收集到可靠、关键的信息，关系到新闻工作的质量，但这并不意味着记者可以不择手段地去收集信息。当事件与公共利益有关且无法从其他渠道获知信息时，媒体可以使用隐性的采访手法，这实际上划定了使用非常规采访手段的底线，也为评判媒体的采访手段是否恰当提供了评判依据。

基于以上对全球新闻伦理规范中"以正当方式获取信息"准则的分析，新闻从业者的伦理规范可以做如下规定：

新闻从业者不应采用违法、欺骗或威胁等非正当手段获取信息，除非该信息涉及重大公共利益而又无法通过其他手段获取。在使用非正当手段获取信息之前，新闻从业者应告知编辑或部门主管并获得同意。

（九）独立

所谓独立，即对外可以免受外部力量的控制、干涉，以及不依附于其他力量，与它们保持一定的距离；对内可以自主决定自己的思想和行动。[①]关于独立的规范有66篇，提及率为49.25%。保持独立的规定可以分为独立于媒体集团外部的干扰和独立于媒体集团内部的影响。

---

① 牛津在线词典，independent 英文释义，https://en.oxforddictionaries.com/definition/independent，最后访问日期：2020年4月15日。

独立于媒体集团外部的干扰包括如下内容。其一，规定媒体不依附于基金会等利益集团。如奥地利《传媒伦理规范》规定："报纸或杂志的社论版在形式和内容上决不能受外界利益左右。此类外界影响不仅包括对记者的干预和施压，也包括为其提供职业活动范围之外的个人利益。"其二，规定媒体不受外部力量的干涉和命令。如秘鲁《全国新闻工作者协会伦理规范》规定："全国新闻工作者协会的成员在任何情况下都不要屈从于来自他们雇主（雇主个人、编辑室、新闻垄断或任何其他实体）的压力，或者独裁政权或权力滥用者的压力。"其三，规定媒体与外部的政治、经济力量保持距离，如美国《〈华盛顿邮报〉的标准和伦理规范》规定："报社不能成为任何特殊利益的盟友，并且在对公共事务和公众人物的看法上要保持公平、自由和审慎。"爱沙尼亚《报业伦理规范》规定："新闻工作者不能为作为其报道对象的机构工作。"

独立于媒体集团内部的影响包括如下内容。其一，规定媒体经营管理上的独立，新闻工作与广告、发行彼此独立。如保加利亚《媒体伦理规范》规定编辑应保持独立性，"应明确划分出编辑内容和市场营销、广告或赞助材料之间的界限"。其二，规定记者在媒体集团内部享有独立。记者遵循自己的良知和职业规范，当编辑、媒体管理者的要求与职业规范、记者的信念相违背时，记者可以拒绝编辑的要求。如卢森堡《新闻伦理准则》规定："新闻工作者不能被迫地去从事违背他们伦理和义务准则的实践。"斯洛伐克《记者联合会伦理规范》规定："未经作者同意，编辑人员不能干预作品的内容。"斯洛文尼亚《记者准则》规定："在没有该记者的同意或许可的情况下，任何人无权对新闻记者的作品做导致其内容变化的更改，也不得对之进行本质性删节。"不丹《新闻工作者伦理规范》规定："不要参与任何可能危害自身正直性和独立性的活动。"其中的独立是指"新闻工作者凭着自己的良知报道事件和事实，不受包括新闻集团的所有者在内的各方势力的介入、干涉和胁迫"。

基于以上对全球新闻伦理规范中"独立"准则的分析，新闻从业者的伦理规范可以做如下规定：

（1）新闻从业者应当捍卫新闻活动的独立性，抵制广告商等外在经济压力和政治压力的不正当影响；

（2）当编辑对报道的改动违背了客观事实或新闻从业者的职业理念时，新闻从业者有权拒绝在报道中署名。

（十）禁止剽窃抄袭

新闻报道是作者智力劳动的结晶，是表达其思想的一种形式，享有著作权，因此剽窃和抄袭不仅是新闻业中的不端行为，还是对他人作品著作权的侵犯。共有62篇规范规定不得剽窃、抄袭，提及率为46.27%，其中有19篇新闻伦理规范规定新闻工作者必须尊重版权/著作权/知识产权，如巴西《记者道德规范》规定："不同职业类型的记者都应尊重版权和知识产权。"卢旺达《新闻从业者道德规范》规定："新闻工作者应尊重知识产权，避免抄袭。即便某个内容来自其同事，如有必要，也需交代来源。"坦桑尼亚《广播员伦理规范》规定："尊重任何广播材料的版权和邻接权。"马里《新闻工作者的伦理规范》规定："新闻工作者必须避免盗用任何有版权的文章或视听作品。"

新闻伦理规范对剽窃、抄袭的行为持否定态度不仅体现在认为这些行为不可实施上，还体现在其对剽窃、抄袭行为的定性上。新闻伦理规范对剽窃、抄袭行为的定性可以概括为：职业不端的行为、不道德的行为以及违法的行为。如加纳《新闻工作者协会伦理规范》规定："新闻工作者不应当剽窃，因为这是不道德且违法的。"肯尼亚《新闻行为准则》指出："未标明归属而使用任何人的东西，不论故意还是疏忽，都是严重违背道德的行为。"阿根廷《新闻论坛伦理规范》规定："不交代来源就复制现存作品的片段的行为构成剽窃，是一种严重的过失行为。"哥伦比亚《波哥大记者协会道德规范》规定："剽窃是一种不道德的行为。引用时必须获得许可，或者标出引用信息的来源。"

在避免剽窃、抄袭的主要对策上，新闻伦理规范提出应当征得他人同意、交代引用的出处。如坦桑尼亚《广播员伦理规范》对于体育运动报道的规定："可以使用其他广播公司的图片和声音用于新闻报道，但需删除其评论，代之以叙述，且应公布其原作者。"美国《〈华盛顿邮报〉的标准和伦理规范》规定："来自其他报纸和媒体的材料必须完整地注明出处。剽窃是新闻业不可饶恕的罪责。"乌干达《新闻记者伦理规范》规定："记者不得剽窃他人的专业成果，不得在不交代出处或不承认其贡献的情况下引用他人的研究成果或结论。"肯尼亚《新闻行为准则》规定："在报道中直接引用他人的话语时应明确予以注明。"

新闻记者不可能到达所有的新闻现场，因而引用他人的报道是必然的。避免抄袭、剽窃同时又可以让信息快速传播的策略是交代引用的出处。伦理规范对此进行的特别规定，既规范了媒体间的相互援引行为，又不至于挫伤媒体生产原创内容的积极性。

基于以上对全球新闻伦理规范中"禁止剽窃抄袭"准则的分析，新闻从业者的伦理规范可以做如下规定：

严禁剽窃、抄袭他人作品。当新闻从业者在报道中引用他人的报道或作品时，应当标明出处，不得将他人作品视为自己的作品发表。

二 全球新闻伦理规范的区域性准则

除了多数国家提及的共通准则，还有个别伦理准则只在较少的国家被提及，[①] 但这些准则具有一定参考价值和启发意义，主要有以下三条。

（一）遵循良心条款

"良心条款"（consciousness clause）是指充分肯定新闻工作者拥有良心自由的权利的条款，即承认记者有拒绝发表违背其良心、信仰的观点的权利。在具体的条款规定上，良心条款给予了记者信仰上的尊重和行动上的保护。如阿尔及利亚《新闻职业伦理宪章》规定："遵从良心。"法国《记者职业伦理宪章》规定："新闻记者有权拒绝扮演任何违背自身信念、职业良心以及本宪章的原则的角色或陈述此类的观点。"挪威《新闻伦理规范》规定："编辑部成员不能被责令做任何违背自己信念的事。"葡萄牙《新闻工作者伦理准则》规定："新闻工作者应当拒绝违背其良心的行为。"拉脱维亚《新闻伦理准则》规定："新闻工作者应该避免从事和他/她个人信仰相违背的工作。"刚果（金）《新闻工作者伦理规范》规定："根据'良心信条'，新闻工作者不能被迫做出与自身信念、名誉、荣誉

---

① 全球新闻伦理规范的区域性准则中涉及的各国媒体伦理规范文本内容来自以下两本书：牛静编著《全球媒体伦理规范译评》，社会科学文献出版社，2018；牛静、杜俊伟编著《全球主要国家媒体伦理规范》，华中科技大学出版社，2017。

以及道德礼仪相违背的职业行为或意见表达。如果涉及与'良心信条'相冲突的情况，新闻工作者可以取消与公司的合同，这种情况相当于正常的离职。"当有外在力量（包括媒体单位、编辑）要求记者从事违背其信念、职业道德或其所在媒体单位方针的行为时，记者可以启动良心条款以获得保护。如马耳他《新闻工作者伦理准则》规定："禁止强迫任何新闻工作者做出使良心谴责的事情。"多哥《新闻记者伦理准则》规定："记者不应被迫违心行事，或者被迫发表违背其信仰或良知的观点。在这种情况下，他可启用良心条款并获取相应的保护。"

良心是伦理学中的普遍概念，它的正面意义表现为"廉耻、正义、向善、正直等"。① 从字面意义上看，良心条款是关于保护记者践行"廉耻、正义、向善、正直"的条款；从更深的层次上看，良心条款是良心自由，即"个人形成自己特有的良心判断，并根据良心判断行事的自由"。② 这一条款还是对信仰自由、表达自由的保护。它认定记者具有自主判断是非善恶的内在道德，并保护记者依据自身判断独立行事、不受他者干涉的权利。

良心条款所带来的启发意义在于，自律组织与记者是命运与共的关系，伦理规范不应当被狭隘地视为一次自律准则的示众，不应当被视为只是交代媒体、记者拥有的权利和义务的列表，一张使用"不得……"句式的禁令清单，而应当体现记者作为一个独立、理性、道德的个体被赋予的认可和信任。伦理准则应当预见到记者在行使职责时可能会遇到的干扰、风险，依据独立理性人的特性而灵活地提出处理的原则，以保护新闻工作。

（二）建立良好的同行关系

新闻伦理规范对同行关系做出规定，旨在建立起健康、和谐的行业竞争与合作的关系。其中，描述同行关系的肯定性条款多用"尊重""团结""公平竞争"等词语，强调行业内部的交流、向同行提供援助等。如

---

① 李肃东：《中西良心论比较——兼论良知说的当代重振》，《学习与探索》1993年第3期，第66~74页。

② 陈斯彬：《论良心自由作为现代宪政的基石——一种康德主义的进路》，《清华法学》2012年第4期，第37~51页。

巴西《记者道德规范》规定："在工作中保持团结尊重的关系。在同事由于其职业行为而遭受迫害或侵害时，要团结在一起。"秘鲁《全国新闻工作者协会的伦理准则》规定："记者既不应该诋毁他们的同事，也不应该抱着让他们丢脸的目标批评协会……保护那些被诽谤、被敌对、被迫害或受不公正监禁的记者，并帮助有经济或健康问题的同事们，以及帮助在履行危险任务时面临死亡的记者们的亲属……当发现基于不受控的因素而使同事失业时，应当团结起来。"刚果（金）《新闻工作者伦理规范》规定："团结同行新闻工作者，遵从行业最高委员会下达的决策或指令。"而描述同行关系的否定性条款多强调不得危害他人工作，不得剽窃同行作品，不得做有损于同事名誉、利益的事情。如埃塞俄比亚《新闻工作者专业伦理规范》规定："新闻工作者不得为了个人名誉或其他利益而试图伤害其他新闻工作者或阻碍他们的活动。"尼日尔《新闻工作者职业道德规范》规定："在收集和传播信息的过程中培养同事之间的情谊，尤其要避免任何可能直接或间接把同事或媒体组织置于危险之中的行为。"

建立良好的同行关系，有利于媒体内部的新闻生产顺利进行。一篇新闻报道的出版，离不开文字记者、摄影记者、编辑和印刷工人的合作，同一媒体的新闻从业者之间建立起良好的同行关系，有助于形成各守其职、各尽其责的工作氛围，保证新闻生产、发行的正常运转。建立良好的同行关系，还有利于整个新闻行业的繁荣。新闻从业者与新闻行业之间有着一荣俱荣、一损俱损的利益关系，新闻从业者之间相互团结、彼此支持，有助于媒体行业的良性竞争与共赢；不同媒体、不同新闻从业者之间一旦互相诋毁与伤害，无异于是媒体自身和新闻业的内耗。

（三）保护民族文化

新闻伦理规范中保护民族文化的规定主要有两个方面。其一是在规范中提出要保护本民族的语言、文字。如希腊《新闻工作者的伦理规范》规定："为了保护希腊语，要避免过度使用外语单词和术语。"匈牙利《新闻工作者协会道德准则》规定："保护匈牙利语言以及居住在匈牙利的少数民族的母语的美感和清晰度是新闻工作者的道德义务。"乌克兰《记者职业伦理规范》规定："记者应不断提升自己的专业水平，强化自己的主要武器——文字；在使用乌克兰语和乌克兰境内的其他语言时，应严格遵循其本质规范，积极而坚决地反对不尊重国家语言的行为，防止乌克兰语言丧失在社会生活中的作用和意义。"阿塞拜疆《新闻工作者的伦理专业准则》规定："新闻工作者必须避免使用低俗的词语、术语，新闻工作者应该为保护阿塞拜疆语言的丰富性和纯洁性提供帮助。"巴西《记者道德规范》规定："维护巴西的语言和文化，尊重多样性和文化身份。"阿根廷《新闻论坛伦理规范》规定："正确地使用西班牙语是记者要严格履行的义务。要具备丰富和文明的语库，要能在各种各样的社会工作场景中自如地使用恰当的口语。"其二是在规范中强调新闻工作者要保护本民族的传统、历史等文化遗产。如坦桑尼亚《广播员伦理规范》规定："为了鼓励坦桑尼亚和非洲传播业的发展，应对新闻事业进行合理规划，通过展现坦桑尼亚和非洲的文化与娱乐节目来反映坦桑尼亚和非洲人的态度、观点、想法、价值和艺术创造性；为有需要的和有兴趣的人服务，反映民主的坦桑尼亚和非洲的男女及儿童的风貌和愿望；提供在文化、艺术、运动和教育上适合坦桑尼亚和非洲的实情。"

信息和经济的全球化促使各民族文化的同质化程度增高，在此背景下，保护本民族的文化显得尤为重要，而媒体在传承文化方面有着重要作用，基于此，个别国家在新闻伦理规范中对保护民族文化进行规定确有必要，如此方可使本民族文化与传统在多元的文化中生存、传承。

三　本章总结

新闻伦理规范作为媒体自律的一种手段和依据，一般由各个国家、地区的传媒行业自律组织制定，目的是规范媒体实践活动，为自律组织处理新闻伦理问题提供指导。它往往集新闻业的共识理念与本土特色规定于一体。尽管每个国家的媒体制度、文化习俗、国情国策存在差异，但是在一些基本的新闻伦理原则上，各国新闻伦理规范具有一定共通之处，这为建构全球基本新闻伦理准则提供了现实可能性。

在这些基本的新闻伦理准则里，更正、准确、明确新闻界限等准则以刚性规定的姿态出现在伦理规范中，没有留下商量、妥协的余地，这是因为新闻作为一种信息，要消除受众的不确定性，因而它必须是真实准确的，一旦有误，要立即更正；受众通过大众媒体的新闻传播活动获取信息，而这些信息往往会成为他们决策、行动的参考，从维护公众利益的角度看，新闻也应当准确。准确和更正的准则最终指向的是新闻的生命——真实，离开了真实，新闻就不能被称为新闻。而明确新闻界限实则对新闻记者提出了明确职业身份、各司其职的要求，新闻传播活动是大众媒体的职业活动，传播新闻是记者与其他岗位、其他职业的区别所在，职业的高墙不应被轻易打破，新闻活动的专业性和独立性也不应被利益干扰。

相反，保护消息来源、保护隐私、以正当方式获取信息的伦理准则是柔性规定，即这些准则在原则上要坚持，但又有一定弹性空间：当这些伦理准则与公共利益发生冲突时，媒体应以公共利益为优先，即优先满足公众的知情权，特别是告知与他们利益相关的信息。柔性规定中的公共利益优先实质上是功利主义原则的体现，目的是追求社会的最大幸福，这与伦理学的终极目标——善是相一致的。

此外我们发现，一部伦理规范中的各个伦理准则看似孤立，其实是相互联系的。比如，避免利益冲突、明确新闻界限、保护消息来源等，其目的都是保持媒体独立性，从而避免外在力量干涉；而准确、更正等原则都是为了保证新闻真实性。本章分析得出的 10 条通用准则，在更高层次上可以归纳为"真实""独立""自由"等新闻伦理价值。

虽然全球各国新闻伦理规范之间有共通的伦理准则和伦理价值，但也有与国情相关的特殊条款，如良心条款、同行关系和民族文化条款等，对这些条款的关注，有助于反思我们在制定新闻伦理规范时疏忽的细节和有待完善的理念。

第五章　中外新闻伦理之对比分析

新闻自律一般是通过一定组织机构依据制定的新闻道德自律信条对媒体进行监督而实现的。这意味着，新闻伦理规范的制定离不开自律组织，这些自律组织可以是报业荣誉法庭、报业评议会、新闻委员会、新闻监察委员会等，其制定规范的目的大多是维护新闻工作者的工作秩序、给予具体工作指导、保障行业利益和社会公共利益等。国内外制定新闻伦理规范的理论基础、制定主体等方面存在一定差别。本章对比国内外新闻伦理规范的文本，分析国内外新闻伦理规范的不同理论基础，探讨不同国家新闻伦理规范制定主体、文本内容的差异，厘清我国新闻伦理规范与他国新闻伦理规范内容的相同点和特殊之处，从而求同存异，梳理出一些为中外所共同强调的伦理规范条文。

一　中外新闻伦理规范的理论基础

（一）国外新闻伦理规范的理论基础：表达自由与社会责任论

自由主义新闻理论和社会责任论是西方报业的理论基础，这两个概念分别从权利和义务的角度表明了新闻媒体的价值追求和责任担当。社会责任论是对表达自由理论的进一步延伸和修正，体现了新闻媒体从崇尚自由到推崇自律的转变。

自由主义新闻理论的提出在西方经历了一个漫长的过程。在与封建专制思想做斗争的过程中，资本主义启蒙领袖纷纷以自由主义为武器，强调人的理性力量、天赋人权，认为言论自由是神圣不可侵犯的权利。代表性的人物有弥尔顿、密尔、杰弗逊、洛克、卢梭等人。如弥尔顿在《论出版自由》中呼喊"给我认知的自由、表达的自由、根据良心没有限制地进行辩论的自由吧，它们是所有自由中最重要的自由"。① "让真理与谬误搏斗吧，在公开的战斗中，谁曾见过真理被打败呢？"② 密尔在《论自由》中进一步指出，只有通过意见的多样化，真理的各个方面才能得到公平竞赛的机会。同时，西方各国为表达自由提供了制度保障。如美国的《独立宣言》，其起草者杰弗逊坚信这些真理是不言而喻的："人人生而平等；人人都享有上帝赋予的某些不可剥夺的权利；其中包括生命权、自由权和追求幸福的权利。"③ 美国宪法第一修正案规定："国会不得制定关于下列事项的法律：确立国教或禁止信教自由；剥夺言论自由或出版自由；或剥夺人民和平集会和向政府请愿申冤的权利。"同样，在1789年，法国《人权宣言》以孟德斯鸠、卢梭等人的政治学说为伦理基础，提出自由、财产、安全等权利是天赋人权。简言之，自由主义的新闻理论核心观点为：媒体有自由发表言论的权利，不应受到外在力量的干涉和限制。

在当时，这种自由主义新闻理论的确极大地促进了西方新闻传媒业的发展，赋予了新闻媒体监督、批评政府的权利，成为立法、司法、行政权力之外的"第四权力"，新闻工作人员也有"无冕之王"之称。但其理论自身对自由的至上推崇，也隐含了一些弊端。首先，自由主义新闻理论对自由的过分强调，容易导致自由的无限度乃至滥用自由。其次，自由主义新闻理论对人理性的过度自信以及对真理在自由市场里不证自明的过度推崇，致使娱乐、低俗、虚假新闻等泛滥。最后，这种理论并没有对传媒垄断、商业化媒体所带来的负面影响等问题保持警惕。因此19世纪中后期，在自由主义新闻理论指导下的新闻业出现了煽情新闻和黄色新闻，色情暴力、耸人听闻的信息大量充斥于报纸，这些在经济上具有独立地位的报纸

---

① 〔英〕弥尔顿等：《西方新闻传播学名著选译》，顾孝华译，上海社会科学院出版社，2008，第33页。

② 〔英〕弥尔顿等：《西方新闻传播学名著选译》，顾孝华译，上海社会科学院出版社，2008，第36页。

③ 〔美〕莫蒂默·艾德勒、查尔斯·范多伦编《西方思想宝库》，《西方思想宝库》编委会译，吉林人民出版社，1988，第955页。

面临着一个角色存在的"合法性危机"①，新闻职业道德受到严重挑战。

对新闻自律的呼唤也在这种矛盾中产生。实际上，从 19 世纪上半叶起，倡导促进道德、提高道德水准的新闻自律观念就开始萌芽。早期的新闻自律观念起源于报人的社会责任感。② 这种社会责任感散见于报人制定的办报宗旨和言论中，如 1911 年密苏里大学新闻学院院长华特·威廉斯主持制定的美国《报人守则》指出："公众依赖报纸上所刊载的文章。凡与报纸所刊登文章有关的人，就其全部职责而言，均为公众所信赖的人，因此，不为公众服务而仅为私利驱使者，均为背信弃义之徒。"③ 此外，欧洲国家较早地开始了媒体自律体系的建设，其中瑞典是世界上最早实行新闻自律的国家。④ 但早期的新闻自律思想较为简单，尚未形成一种系统的理论，而且并未被新闻传播从业人员普遍接受。⑤

真正将其新闻自律思想体系化的是哈钦斯委员会于 1947 年发布的《一个自由而负责的新闻界》，这标志着社会责任论的诞生。其不仅对自由进行了重申，认为"言论自由和传媒自由是国家绝对不能侵犯的精神权利"，同时也认为"自由的公开表达这种精神权利并不是无条件的"，"传媒自由意味着传媒有'免于……的自由'和'有……的自由'"，"这意味着传媒必须是负责的"。⑥ 根据其观点，新闻媒体的完全自由是不存在的。确切地说，社会责任论是对表达自由理论的一次修正，调和了政府等外在势力对新闻传播活动的干预，从内部强调了新闻工作者的主体能动性，弥补了自由主义理论的缺陷，将表达自由理论进一步推进。社会责任论为西方新闻自律提供了理论基础，从而推动了新闻职业规范、道德守则的建设和自律组织的建立，使新闻自律制度得以形成。

国外多数国家的新闻伦理规范在开篇即对其制定的根据、目的进行解

① 商娜红：《制度视野中的媒介伦理：职业主义与英美新闻自律》，山东人民出版社，2006，第 61 页。
② 魏永征等：《西方传媒的法制、管理和自律》，中国人民大学出版社，2003，第 325 页。
③ 牛静编著《全球媒体伦理规范译评》，社会科学文献出版社，2018。
④ 王宇：《北欧媒介研究》，社会科学文献出版社，2016，第 16 页。
⑤ 魏永征等：《西方传媒的法制、管理和自律》，中国人民大学出版社，2003，第 328 页。
⑥ 〔英〕弥尔顿等：《西方新闻传播学名著选译》，顾孝华译，上海社会科学院出版社，2008，第 255、257、269 页。

释，对表达自由与社会责任的同等强调也呈现其中。如德国《新闻工作伦理准则》："被庄严地载入《宪法》的表达自由包含信息的独立和自由以及言论与批评的权利。出版商、编辑和记者必须在自身工作中认识到他们对公众的责任以及维护媒体声誉的职责。"[1] 马里《新闻工作者的伦理规范》："作为新闻工作者和媒体技术人员，我们认为获取多元信息、言论和批评是人类的基本权利之一……因为享有表达自由、肩负满足公众知情权的使命，所以新闻工作者和媒体人员倍受尊重，这也意味着对自己更加严格的职业道德要求和限制是新闻工作者的责任。"[2] 美国《〈华盛顿邮报〉的标准和伦理规范》："《华盛顿邮报》承诺积极地、负责任地、公平地追求真相，不惧怕任何特殊利益，也不偏爱任何人……我们充分意识到所承载的独特责任。"[3] 加拿大《亚伯达省媒体委员会业务守则》："报纸、期刊和新闻记者有责任为公共利益而捍卫自由并抵制新闻审查。但缺乏职业道德的行为会阻碍这一目标的实现。"[4] 哥伦比亚《波哥大记者协会道德规范》："表达自由是社会（公众）掌握准确而即时的现实信息的最基本前提……捍卫媒体自由、以最高标准去负责和诚实地从事新闻实践是记者的责任……那些在媒体工作的记者，有尊重人类尊严、促进和平、培养宽容性和多元化的责任。"[5]

　　这些规范强调了表达自由是新闻得以发展的前提，但媒体在享受自由的同时，也存在一定弊端，故而需要进行自律，用一定道德规范来界定媒体工作的义务。可以说，世界多数国家在这一点上达成了共识，即基于社会责任而进行新闻自律是新闻工作者受到尊重和保障新闻事业长存的必要条件。

（二）我国新闻伦理规范的理论基础：马克思主义新闻伦理观

　　早在19世纪中叶，我国近代报纸出现不久，一些进步报人就已经开始意识到新闻职业道德问题，他们在西方新闻学术思想的影响与启迪下，

---

[1]　牛静编著《全球媒体伦理规范译评》，社会科学文献出版社，2018，第46页。
[2]　牛静编著《全球媒体伦理规范译评》，社会科学文献出版社，2018，第198页。
[3]　牛静编著《全球媒体伦理规范译评》，社会科学文献出版社，2018，第301页。
[4]　牛静编著《全球媒体伦理规范译评》，社会科学文献出版社，2018，第323页。
[5]　牛静编著《全球媒体伦理规范译评》，社会科学文献出版社，2018，第332页。

发表了很多见解和论述，并且较为明确地提出了新闻报道的行为规范和道德要求。① 在我国近代报人对新闻道德的认识中，有关乎记者品性的，如邵飘萍提出的"记者品性为第一要素"。较为全面的论述有 1919 年徐宝璜所著《新闻学》一书第六章第十三节"访员应守之金科玉律"和第十四节"访员之资格"，提出新闻记者应具备敏捷、勤勉、正确、知人性、有健全之记忆力、有至广或至深之知识等品格素质。② 这些原则即使在今天看来，也不失为有见地之论。这些规范和道德要求一方面体现对西方近代事业建设的模仿，另一方面也带有中国传统儒家思想的影子，但并没有形成系统的理论体系。

"新闻道德作为职业道德的一种，它是由社会经济关系决定的社会意识形态，与其他职业道德相比较，新闻道德又具有鲜明的阶级性和强烈的政治色彩。"③ 我国是社会主义国家，探究其新闻伦理理论基础，需要从马克思主义的新闻伦理思想出发。

马克思和恩格斯虽然没有建立系统的新闻伦理学，但其十分重视新闻工作者的职业道德问题，发表了诸多有关新闻伦理工作的论述。马克思认为，报刊就其使命而言，"是社会的捍卫者，是针对当权者的孜孜不倦的揭露者，是无处不在的耳目，是热情维护自己自由的人民精神的千呼万应的喉舌"。④ 对于党的机关报的领导权，他认为党报要接受党的领导和监督，其必须掌握在真正具有革命思想和无产阶级思想的人手中。同样，马克思赞美出版自由，认为出版自由是"人类精神的特权"⑤。这些论述体现了其对新闻伦理的道德要求和基本态度。其后，列宁进一步将其思想理论化，确定党性原则，形成了具有鲜明特色的无产阶级新闻伦理思想。列宁在 1901 年 5 月为《火星报》写的社论《从何着手？》一文中指出："报纸的作用并不只限于传播思想、进行政治教育和争取政治上的同盟者。报

---

① 中华全国新闻工作者协会：《新闻职业道德》，新华出版社，1996，第 16 页。
② 《徐宝璜新闻学论集》，北京大学出版社，2008，第 76 页。
③ 中华全国新闻工作者协会：《新闻职业道德》，新华出版社，1996，第 42 页。
④ 《"新莱茵报"审判案》，《马克思恩格斯全集》第六卷，人民出版社，1961，第 275 页。
⑤ 《马克思恩格斯全集》第一卷，人民出版社，1995，第 167 页。

纸不仅是集体的宣传员和集体的鼓动员，而且是集体的组织者。"① 简言之，其认为党报是党的宣传员、鼓动员、组织者，其新闻写作事业"不能是个人或集团的赚钱工具，而且根本不能是与无产阶级总的事业无关的个人事业"，"报纸应当成为各个党组织的机关报"。②

中国共产党成立后，形成了独具特色的新闻伦理内涵。其中毛泽东、刘少奇等人都对此做出过阐释。1948 年毛泽东在《对晋绥日报编辑人员的谈话》中指出了无产阶级党报的任务在于迅速传播党的纲领路线、方针政策，办报要依靠全体人民群众和全党，无产阶级党报应具备战斗风格等要求，如"我们必须坚持真理，而真理必须旗帜鲜明。我们共产党人从来认为隐瞒自己的观点是可耻的。我们党所办的报纸，我们党所进行的一切宣传工作，都应当是生动的，鲜明的，尖锐的，毫不吞吞吐吐。这是我们革命无产阶级应有的战斗风格"。③ 刘少奇在《对华北记者团的讲话》中进一步指出了新闻工作的重要性，认为报纸是党和人民群众联系的桥梁，新闻工作者需要全心全意为人民服务，并对新闻工作者提出四点要求，即要有正确的态度、要能独立地做相当艰苦的工作、要有马列主义理论修养以及要熟悉党的路线和政策。④ 近年来，我国党和政府也非常重视新闻舆论工作。2016 年 2 月 19 日，习近平在党的新闻舆论工作座谈会上的讲话中提出了新时代条件下党的新闻舆论工作的"职责使命论"，提出了"党的新闻舆论工作职责和使命"，认为"党的新闻舆论工作是党的一项重要工作，是治国理政、定国安邦的大事，要适应国内外形势发展，从党的工作全局出发把握定位，坚持党的领导，坚持正确政治方向，坚持以人民为中心的工作导向，尊重新闻传播规律，创新方法手段，切实提高党的新闻舆论传播力、引导力、影响力、公信力"。⑤

可见，我国的新闻伦理理论基础是由共产党人一步步总结提炼而出的"马克思主义新闻伦理观"，其中包含了"全心全意为人民服务""坚持党

---

① 《列宁全集》第五卷，人民出版社，2013，第 8 页。
② 《列宁全集》第十二卷，人民出版社，2017，第 93~94 页。
③ 《十八大以来重要文献选编》下，中央文献出版社，2018，第 219 页。
④ 《刘少奇选集》，人民出版社，1981，第 398~406 页。
⑤ 《习近平谈治国理政》第二卷，外文出版社，2017，第 331 页。

性原则""团结稳定鼓劲，正面宣传为主"等要求。该理论基础反映在伦理规范上，就是《中国新闻工作者职业道德准则》前言中所规定的："中国新闻事业是中国共产党领导的中国特色社会主义事业的重要组成部分。新闻工作者坚持以马克思列宁主义、毛泽东思想、邓小平理论、'三个代表'重要思想、科学发展观、习近平新时代中国特色社会主义思想为指导，增强'四个意识'，坚定'四个自信'，做到'两个维护'，牢记党的新闻舆论工作职责使命，继承和发扬党的新闻舆论工作优良传统，坚持正确政治方向、舆论导向、新闻志向、工作取向，不断增强脚力、眼力、脑力、笔力，积极传播社会主义核心价值观，自觉遵守国家法律法规，恪守新闻职业道德，自觉承担社会责任，做政治坚定、引领时代、业务精湛、作风优良、党和人民信赖的新闻工作者。"而具体规定中的"全心全意为人民服务""坚持正确舆论导向"等要求则是对其具体实践要求的扩展。各媒体在自己的伦理规范中，也会这样强调，如羊城晚报社《杜绝新闻敲诈、防止虚假新闻工作守则》第一条也是："采编人员必须坚持马克思主义新闻观，坚持正确的舆论导向，不断增强政治意识、大局意识、责任意识。"

从马克思主义新闻伦理道德观出发，"中国新闻事业是中国共产党领导的中国特色社会主义事业的重要组成部分"，实际把新闻职业道德纳入了党的思想道德建设中，表明在我国新闻职业伦理必然要与新闻事业的政治属性相结合。

二 中外新闻伦理规范的制定主体

（一）国外多样化的新闻伦理规范制定主体

本研究对近80个国家新闻伦理规范的制定主体进行总结归类，发现新闻伦理规范的制定主体呈现多样化特点。[1] 具体来说分为以下四类。

第一类，由具有影响力的学者或报人制定新闻伦理规范。1911年美国密苏里大学新闻学院院长华特·威廉斯手订了《报人守则》，守则中的"新闻事业为神圣的职业""新闻记者只需写出心目中认为真实的事物""思路

---

[1] 本节所涉及的国外新闻伦理规范条文，均引自牛静编著《全球媒体伦理规范译评》，社会科学文献出版社，2018。

清晰，说理明白、正确而公允，是优良新闻事业的基础"等内容影响深远。这个守则被译为 50 多种语言，成为许多国家新闻伦理规范建构的重要参考。

第二类，由媒体机构制定。媒体机构根据新闻实践中的注意事项或伦理操守，往往会制定适合本媒体的伦理规范，以规范本媒体的工作人员。如美国《〈华盛顿邮报〉的标准和伦理规范》由《华盛顿邮报》制定，美联社制定了《新闻价值和原则》，《纽约时报》也自行制定了《新闻伦理》作为其新闻活动的基本标准。英国广播公司 BBC 的新闻专业规范则由一系列内部文件构成，其详细具体，可操作性强，涉及领域包括广播电视、在线移动设备、交互服务和印刷媒体等各方面，其中《BBC 编辑方针》是 BBC 新闻价值观的核心体现。① 澳大利亚广播公司制定了《媒体员工的社交媒体个人使用指南》。

第三类，由单一团体制定。这里的团体可为职业记者协会、新闻机构、新闻评议会、新闻监察委员会等。如丹麦《媒体行为规范》是由丹麦新闻评议会制定，该评议会根据丹麦媒体责任法于 1992 年成立，它是一个处理大众媒体投诉的独立、公开的审理委员会。又如美国《杂志编辑协会伦理指导方针》是由美国杂志编辑协会制定，美国杂志编辑协会成立于 1963 年，致力于捍卫宪法第一修正案，保护编辑的独立性以及支持新闻事业的发展。该协会指导方针最早发布于 1982 年，主要为它的成员服务，其成员包括以纸质形式或在电子平台上出版的杂志等。再如多哥《新闻记者伦理准则》表明："多哥全国新闻记者协会通过它于 1999 年 11 月 5 日创立的多哥媒体监察委员会（OTM）表达了对多哥新闻界的自由和责任。多哥媒体监察委员会负责本伦理准则的实施。"

第四类，由多个机构或组织联合制定。媒体的自律，更多的是一种行业内各媒体机构的自我约束，所以部分国家的新闻伦理规范是由行业内的多个媒体机构一起商讨制定的。如比利时发布于 1982 年的《新闻业准则》由比利时报纸出版商协会、比利时新闻工作者协会和全国信息通讯社联合会制定。又如波斯尼亚和黑塞哥维那《报业规范》由波斯尼亚和黑塞哥维那的报业评议会制定，该准则包括由波黑专业记者独立联盟、波黑记者联盟、

---

① 赵明：《BBC 面向新时期的新闻规范》，《中国记者》2007 年第 8 期，第 82~83 页。

塞族共和国专业记者独立联盟、塞族共和国记者联盟、波黑联邦专业记者联盟共同签署的谅解备忘录所涵盖的基本准则，为波黑克罗地亚记者联盟所遵守。再如希腊《新闻伦理法典》于 1988 年 10 月 31 日由五个希腊记者工会签订，1990 年，该规范成为雅典记者和公共广播所遵守的契约的一部分。

　　整体来看，除了部分特殊有明确说明的规范之外，国外大部分规范由行业协会制定。其原因就如同坦桑尼亚《媒体与新闻编辑伦理规范》做出的解释："行业标准是在行业内部确立的。在一个民主和自治的社会部门，其标准并不是由司法机关、行政法令或立法机关（法律或法案）规定的。"由于制定主体多为非政府机构，因而从制定主体约束力度上看，很多国家都没有明确指出违反其规定的处罚措施，对于伦理规范的履行大多是依靠从业者的自律。某些国家规定了处罚措施，但缺乏执行力。如卢旺达《新闻从业者道德规范》中有同行裁决权，其规定为："卢旺达媒体委员会有权敦促违反本行为准则的媒体机构发表更正或进行道歉。在极端和故意违反条例的情况下，卢旺达媒体委员会有权强行处以罚款，甚至将该媒体机构从舆论界除名。"但实际上，该规范在"事前声明"中就表明了，"本道德规范并不具备法律约束力，但可作为新闻伦理问题的决策依据以及新闻从业者进行自律的基础。本准则由卢旺达记者自愿拥护，并在新闻编辑室和新闻专业课堂中作为媒体行为的道德指南"。一般来说，违反伦理规范的制裁都只是停留在谴责阶段。又如由马耳他新闻俱乐部制定、由新闻伦理委员会执行的《新闻工作者伦理准则》中规定："在经过委员会执行正当的程序后，发现新闻工作者违反伦理准则中的一条或者多条规则时，委员会可能对其施加与罪行严重性一致的制裁：a. 同意 b. 谴责 c. 严重谴责。在适当的情况下，处罚决定以委员会认为合适的方式公开。在所有案件中，委员会都应当告知管辖新闻工作者的组织领导其所做的决定。"

　　但也有部分国家的伦理规范具有一定惩戒作用。如由利比里亚报业联合会总部通过的《报业联合会伦理规范》规定："本伦理准则与行为规范对所有利比里亚的记者及媒体机构均具有约束力，违背者将受到警告、罚款、停职乃至开除的惩戒。对于所有违背本准则的事件，利比里亚报业申诉及伦理委员会应负责展开调查，并向执行委员会提出惩戒建议。"

　　而如果制定规范的主体是媒体管理部门，其处罚的力度就比较大。如不丹《新闻工作者伦理规范》中表明其制定的法理依据是："不丹信息传播与媒体管理部门根据 2006 年颁布的《不丹信息、传播与媒体法案》第三章第二十六条的 d 款制定本《新闻工作者伦理规范》。"该规范指出："任何违反或未能遵守本道德规范的记者均应被视为有罪，且须承担由《不丹信息、传播与媒体法案》或不丹刑法规定下的一切相应的行为责任。"

整体上看，行业组织是国外新闻伦理规范制定的主体，对新闻伦理的约束主要依靠自律完成。要使新闻媒体发挥更好的作用，需要独立、自主、自治的新闻自律机构，也需要自发性约束行为来规范新闻从业者。这实际上给新闻机构和新闻从业人员提出了更高的道德要求。

（二）党和政府领导下的我国新闻伦理建设

我国新闻伦理规范制定的主体主要有新闻界的行业组织和新闻机构。如《中国新闻工作者职业道德准则》于 2009 年 11 月 9 日由中华全国新闻工作者协会第七届理事会第二次全体会议审议通过，2019 年 11 月 7 日中华全国新闻工作者协会第九届全国理事会第五次常务理事会对其进行重新修订。又如《杜绝新闻敲诈、防止虚假新闻工作守则》由羊城晚报社于 2014 年 5 月发布。

我国新闻伦理规范建设接受党和政府的管理与指导。首先，中国媒体机构的实际管理主体是党和政府。我国的新闻事业是党和政府的耳目喉舌，因此各新闻单位特别是党报属于宣传部门，需要接受党和政府的领导与管理。《中华全国新闻工作者协会章程》总则第一条就自身地位写道："中华全国新闻工作者协会（简称'中国记协'）是中国共产党领导的中国新闻界的全国性人民团体，是党和政府密切联系新闻界的桥梁和纽带，是繁荣发展党的新闻事业的重要力量。"[1] 同时国家资助也是其经费的重要支撑，如"本会经费来源如下：会费收入，国家资助，本会兴办的事业收入，海内外捐赠，其他收入"。[2] 其次，从实际行为看，政府部门多

---

[1] 中国记协网：《中华全国新闻工作者协会章程》（中华全国新闻工作者协会第九届理事会第一次会议修订），http://www.xinhuanet.com/zgjx/2017-03/15/c_137907306.htm，最后访问日期：2021 年 11 月 8 日。

[2] 中国记协网：《中华全国新闻工作者协会章程》（中华全国新闻工作者协会第九届理事会第一次会议修订），http://www.xinhuanet.com/zgjx/2017-03/15/c_137907306.htm，最后访问日期：2021 年 11 月 8 日。

以颁发临时文件通知的形式来约束新闻伦理行为，这种文件大多是围绕不同时期的道德建设任务而展开的。如2021年9月27日国家广播电视总局办公厅下发的《国家广播电视总局办公厅关于停止播出"美容贷"及类似广告的通知》中提出："各广播电视和网络视听机构、平台要高度重视，增强'四个意识'、坚定'四个自信'、做到'两个维护'，严格落实意识形态工作责任制和广告宣传也要讲导向的要求，抓紧组织进行核查清理，确保上述要求落到实处，维护人民群众利益，营造良好传播环境。"① 再如中央宣传部、广播电影电视部、新闻出版署、中华全国新闻工作者协会于1997年1月15日下发的《关于禁止有偿新闻的若干规定》明确提出禁止有偿新闻。由政府相关部门主导发布的规范，对媒体从业者的约束力度更强。

党和政府是中国新闻伦理规范制定的主体，其以行政治理为主要手段，对新闻伦理的约束主要依靠强制性的他律完成，这与我国所要求的新闻媒体的党性原则相一致。由政府主导控制的"他律"行为，往往具有惩治高效、威慑力强等特点。

三　中外新闻伦理规范的相通性内容

中外新闻伦理规范信条有各自的特点，尽管部分条款表述方式不同，但是规范中所强调的基本精神和实践指南有着很多的相同之处。② 主要有这些内容。

其一，强调新闻准确、真实。《中国新闻工作者职业道德准则》规定："坚持新闻真实性原则。把真实作为新闻的生命，努力到一线、到现

---

① 国家广播电视总局：《国家广播电视总局办公厅关于停止播出"美容贷"及类似广告的通知》，http://www.nrta.gov.cn/art/2021/9/27/art_ 113_ 58040.html，最后访问日期：2021年11月8日。

② 本部分涉及的《中国新闻工作者职业道德准则》来源于中国记协网《中国新闻工作者职业道德准则》（中华全国新闻工作者协会第九届全国理事会第五次常务理事会2019年11月7日修订），http://www.zgjx.cn/2019-12/15/c_ 138632458.htm，最后访问日期：2021年11月8日。本部分涉及的外国媒体伦理规范文本内容来自以下两本书：牛静编著《全球媒体伦理规范译评》，社会科学文献出版社，2018；牛静、杜俊伟编著《全球主要国家媒体伦理规范》，华中科技大学出版社，2017。

场采访核实，坚持深入调查研究，报道做到真实、准确、全面、客观。"把"认真核实新闻信息来源""不夸大、不缩小、不歪曲事实""禁止虚构或制造新闻""不刊播违背科学精神、伦理道德、生活常识的内容""刊播了失实报道要勇于承担责任，及时更正致歉""坚持网上网下'一个标准、一把尺子、一条底线'"作为保护新闻真实的手段。羊城晚报社《杜绝新闻敲诈、防止虚假新闻工作守则》中也将"真实和准确是新闻的生命，是采编人员必须遵守的纪律"作为第一条原则。同样，国外新闻伦理规范中也特别强调准确、真实。如奥地利《媒体伦理规范》规定："新闻工作者的首要责任是在他们的调查、新闻报道及评论中力求最大限度的责任心和准确性。"爱尔兰《报纸期刊实践准则》规定："报道新闻和信息，印刷媒体和在线媒体应当在任何时候力求真实和准确。"泰国《新闻评议会的职业道德规范》规定："报业必须以真实性作为最高的守则。"澳大利亚《新闻一般准则的声明》规定："保证新闻报道中的事实性材料和其他材料准确，不带歧义，新闻报道应当与其他类型材料区分开来，如与评论区分开。"博茨瓦纳《新闻伦理规范》认为"新闻从业者必须合理审核相关事实""要谨慎发布准确的材料""必须严格按照程序确保报道的准确性""不能脱离来龙去脉来歪曲事实。"

其二，强调信息获取方式正当。《中国新闻工作者职业道德准则》规定："通过合法途径和方式获取新闻素材""严格遵守新闻采访规范，除确有必要的特殊拍摄采访外，新闻采访要出示合法有效的新闻记者证"。国外新闻伦理中也强调新闻从业者应当以诚实、公开的方式获取信息。如塞内加尔《媒体伦理宪章》指出："使用正当的方法获得信息、图片和文件，在探寻信息的时候声明职业身份。"

其三，强调更正，特别是对失实报道、错误信息的更正。这一原则国内外规范大多有所提及，如《中国新闻工作者职业道德准则》规定"刊播了失实报道要勇于承担责任，及时更正致歉，消除不良影响"。国外规范对更正原则的规定比较详细，指出新闻机构需要"自觉""及时"地更正。如博茨瓦纳《新闻伦理规范》规定："如果媒体机构发现自身发表了一篇内容严重失真的报道，该媒体机构应立即在与该报道同等重要的位置刊载一篇更正报道；如果媒体机构发现自身发表了一篇对相关个人或组织的名声造成伤害的错误报道，该媒体机构应立即在相应位置发表一篇道歉声明。"此外，在更正的同时，也有必要给予被报道者必要的答辩、回复权利。如巴基斯坦《报纸编辑委员会伦理规范》规定："在这个话题足够重要时，提供给批评或评论的人们以回应的权利。"

其四，避免利益冲突。这里主要是为了维护新闻的独立、客观、公正原则，而要求新闻工作者不得利用特权获利，或接受贿赂、礼物馈赠等，因为这会使新闻报道与记者个人利益等产生冲突。《中国新闻工作者职业道德准则》中有明确反对"有偿新闻""有偿不闻"的条文："坚决反对和抵制各种有偿新闻和有偿不闻行为，不利用职业之便谋取不正当利益，不利用新闻报道发泄私愤，不以任何名义索取、接受采访报道对象或利害关系人的财物或其他利益，不向采访报道对象提出工作以外的要求。"同时该准则也强调将报道和经营活动分开，"严格执行新闻报道与经营活动'两分开'的规定，不以新闻报道形式做任何广告性质的宣传，编辑记者不得从事创收等经营性活动"。中国的羊城晚报社《杜绝新闻敲诈、防止虚假新闻工作守则》此方面的规定也十分详细，规定了"严禁以'公开曝光''编发内参'等方式要挟采访对象，不得借舆论监督之名，向社会机构索要广告、赞助等"。一些国家对记者应当拒绝金钱、物品、礼物、优惠待遇、免费旅游等做了规定。如突尼斯《记者协会道德规范》中强调："新闻工作者不应该因职业任务而接受礼物或者特殊的好处。"匈牙利《新闻工作者协会道德准则》规定："新闻工作者不得接受有贿赂嫌疑的礼物。（简单的新闻礼品、戏票、晚宴的邀请可以接受，因为这些不会使记者有受贿的嫌疑。）"

其五，强调尊重著作权，反对抄袭剽窃。《中国新闻工作者职业道德准则》提出："尊重和保护新闻媒体作品版权，反对抄袭、剽窃，抵制严重歪曲文章原意、断章取义等不当摘转行为。"国外的伦理信条中也都认为剽窃是不道德且违法的行为。立陶宛《新闻工作者和出版商的伦理规范》指出："新闻工作者不得替他人写作，不得在他人的作品上署自己的名，不得在他人写的作品上签自己的名字。"斯威士兰《全国记者协会道德规范中》规定："记者不应剽窃，因为此举既不道德也非法。"克罗地亚《新闻工作者荣誉准则》规定："新闻工作者从业准则规定，剽窃不可容忍。"拉脱维亚

《新闻伦理准则》规定："新闻工作者必须尊重知识产权，不允许剽窃。"尤其强调在尊重著作权时要注明出处或一稿多投，即使是照片等信息也需加以标注。挪威《媒介伦理规范》规定："好的媒体行为应该在引用其他媒体信息时注明出处。"斯洛伐克《记者联合会伦理规范》规定："记者不得在发布别人的作品或摘录时冠以自己的名字。记者不得在不交代出处的情况下引用任何出版物。他/她不能同时向多个编辑提供他/她的作品以求发表。"斯洛文尼亚《记者准则》规定："引用图书馆资料（从照片到档案）和象征性的图片时，也需加以声明和标注。在记者准则中，严禁剽窃。"

其六，保护采访对象的合法权益，主要体现为保护采访对象的隐私和特殊人群的合法权益。《中国新闻工作者职业道德准则》中提及要尊重采访对象的正当要求，"维护采访报道对象的合法权益，尊重采访报道对象的正当要求，不揭个人隐私，不诽谤他人"。英国《编辑业务准则》规定："每个人要尊重他人的个人和家庭生活、健康和通信，包括数字通信。未经许可侵犯任何人的私生活是不被允许的；但如果当事人自行披露则另当别论。"保加利亚《媒介伦理规范》规定："只有在符合公共利益的情况下，才允许公布儿童的私人生活信息与照片。"立陶宛《新闻工作者和出版商的伦理规范》中则更为详细地规定受害者个人资料、证人个人资料、个人的债务资料和偿还能力、轻微犯罪和被轻微处罚个人的资料、家庭冲突信息、私人信件等都属于隐私。

大多数新闻伦理规范会对特殊人群的权利明确予以维护，如《中国新闻工作者职业道德准则》规定："保障妇女、儿童、老年人和残疾人的合法权益，注意保护其身心健康。"摩尔多瓦《记者职业道德准则》规定："记者不得披露事故、灾难、犯罪尤其是性侵事件中受害者的身份信息……对于事故、犯罪、家庭冲突、自杀等负面事件中涉及的青少年，无论是当事人还是目击证人，记者均应保护其身份信息。"保加利亚《媒介伦理规范》规定："在与儿童相关的悲剧和犯罪活动里，应隐藏儿童的身份信息，不然会对儿童造成有害影响。"斯威士兰《全国记者协会道德规范》规定了艾滋病人和儿童的隐私权："隐私和保密是公认的权利，适用于所有人。儿童享有隐私权。"

在前文中，笔者基于对百余篇全球各国新闻伦理规范的分析而提出了相应的全球通用的新闻伦理规范条文，也正涵盖了以上国内外新闻伦理规范的相通性内容，故而，在建构全球新闻伦理规范时，我国媒体可以提出为全球所共享的新闻伦理规范准则和相应的条文。

四 我国新闻伦理规范的特色内容之分析

由于历史发展、国情以及新闻自律程度等因素的不同，我国的新闻伦理规范与其他国家相比较，有些内容具有独特性。[①] 表现为以下方面。

（一）伦理规范的政治导向性话语

如前所述，马克思主义新闻观是我国新闻伦理规范的理论基础，这一理论基础在我国新闻伦理规范中体现在以下三个方面。[②]

1. 指导思想

《中国新闻工作者职业道德准则》指出"中国新闻事业是中国共产党领导的中国特色社会主义事业的重要组成部分。新闻工作者坚持以马克思列宁主义、毛泽东思想、邓小平理论、'三个代表'重要思想、科学发展观、习近平新时代中国特色社会主义思想为指导，增强'四个意识'，坚定'四个自信'，做到'两个维护'，牢记党的新闻舆论工作职责使命，继承和发扬党的新闻舆论工作优良传统，坚持正确政治方向、舆论导向、新闻志向、工作取向，不断增强脚力、眼力、脑力、笔力，积极传播社会主义核心价值观，自觉遵守国家法律法规，恪守新闻职业道德，自觉承担社会责任，做政治坚定、引领时代、业务精湛、作风优良、党和人民信赖的新闻工作者。"这里实际上明确指出了新闻工作的指导思想、新闻工作者在新闻实践中需奉行的价值观。《中国新闻工作者职业道德准则》首句便表明"中国新闻事业是中国共产党领导的中国特色社会主义事业的重要组成部分"，把新闻伦理规范纳入党的思想道德建设中，同时也将其纳入政治话语的国家体系建设中。与此相似，作为社

---

① 本部分涉及的国外媒体伦理规范文本内容来自以下两本书：牛静编著《全球媒体伦理规范译评》，社会科学文献出版社，2018；牛静、杜俊伟编著《全球主要国家媒体伦理规范》，华中科技大学出版社，2017。

② 本部分提及的《中国新闻工作者职业道德准则》条文，来源于中国记协网《中国新闻工作者职业道德准则》（中华全国新闻工作者协会第九届全国理事会第五次常务理事会2019年11月7日修订），http://www.zgjx.cn/2019-12/15/c_ 138632458.htm，最后访问日期：2021年11月8日。

会主义国家的越南，其《记者协会伦理准则》的九条简短规定中，首条就强调"绝对忠于越南共产党领导下的社会主义建设事业"。

2. 工作要求：全心全意为人民服务

《中国新闻工作者职业道德准则》第一条为"全心全意为人民服务"，因此需要"忠于党、忠于祖国、忠于人民，把体现党的主张与反映人民心声统一起来，把坚持正确舆论导向与通达社情民意统一起来，把坚持正面宣传为主与正确开展舆论监督统一起来，发挥党和政府联系人民群众的桥梁纽带作用"。具体而言需要做到以下三点。其一，坚持用习近平新时代中国特色社会主义思想武装头脑，深入学习宣传贯彻党的路线方针政策，积极宣传党中央重大决策部署，及时传播国内外各领域的信息，满足人民群众日益增长的新闻信息需求，保证人民群众的知情权、参与权、表达权、监督权；其二，坚持以人民为中心的工作导向，把人民群众作为报道主体、服务对象，多宣传基层群众的先进典型，多挖掘群众身边的具体事例，多反映平凡人物的工作生活，多运用群众的生动语言，丰富人民精神世界，增强人民精神力量，满足人民精神需求，使新闻报道为人民群众喜闻乐见；其三，保持人民情怀，积极反映人民群众的正确意见和呼声，及时回应人民群众的关切和期待，批评侵害人民利益的现象和行为，畅通人民群众表达意见的渠道，依法维护人民群众的正当权益。

3. 报道方式：坚持正面宣传为主

《中国新闻工作者职业道德准则》第二条强调："坚持正确舆论导向。坚持团结稳定鼓劲、正面宣传为主，弘扬主旋律、传播正能量，不断巩固和壮大积极健康向上的主流思想舆论。"并从"以经济建设为中心""坚决抵制低俗、庸俗、媚俗的内容""加强和改进舆论监督""采访报道突发事件坚持导向正确、及时准确、公开透明"等四方面进行了具体论述。其他国家的新闻伦理规范较少强调正面宣传。如摩尔多瓦《记者职业道德准则》："记者应以诚实、平衡的方式来呈现和验证信息。记者应全面地获取与话题相关的各方的意见。"加纳《新闻工作者协会伦理规范》："公众有权获得公正、准确、平衡和全面的资讯，同时有权通过媒体自由地表达自己。"坦桑尼亚《新闻通讯社伦理规范》则指出"负面"和"正面"都应该被报道，"报道日常事件，无论它们是负面的还是正面的；从积极和消极方面报道包括危机在内的事件，准确地呈现事件"。虽然也有部分国家的新闻伦理规范认为新闻工作者"不应热衷于负面报道"，但也强调"不应误导""准确描述"，如利比里亚《报业联合会伦理规范》："记者不应热衷于进行负面报道，不应写误导性的标题或捏造事实。记者应避免刊载耸人听闻的新闻标题，报纸的新闻标题应与新闻内容一致。照片的内容应是对事件的准确描述，而不能脱离语境突出某个方面。"

面对弱势群体或特殊事件，个别国家则承认需要突出正面、积极报道。如印度《新闻评议会伦理准则》，一方面，强调："记者的介入性调查必须是公正、准确、平衡的。对于所有已经审核过的核心信息，无论正面的还是反面的，都应该一一清晰地加以陈述，不受任何片面推断或不公正评论的干扰。"另一方面，在媒体报道艾滋病病毒（HIV）与艾滋病（AIDS）的行为规范中规定："在不淡化问题严重性的情况下，突出正面的、积极的报道。"在面对儿童或弱势群体时，意大利《全国新闻联合会及新闻记者委员会准则》认为："记者应立誓对日常生活中在社会、经济和文化层面对于未成年人的自我保护具有正面价值的话题予以最大尊重。"可见，在多数国家看来，除了某些特殊情况或面对特殊群体外，新闻工作者的伦理责任是客观、公正地报道，需要充分尊重受众的知情权。可以说"坚持正面宣传"是我国媒体职业道德准则的特色。

（二）重视品德修养，强化学习意识

我国新闻伦理极其注重新闻工作者的内在道德修养和思想素质。如《中国新闻工作者职业道德准则》中："……恪守新闻职业道德，自觉承担社会责任，做政治坚定、引领时代、业务精湛、作风优良、党和人民信赖的新闻工作者。"而具体实现则需要树立正确的价值观和加强学习，"发扬优良作风。树立正确的世界观、人生观、价值观，加强品德修养，提高综合素质，抵制不良风气，保持一身正气，接受社会监督"。"强化学习意识，养成学习习惯，不断增强政治素质，提高业务水平，掌握融合技能，努力成为全媒型、专家型新闻工作者。"我国伦理规范更注重新闻从业者的"敬业奉献""诚实公正""品德修养""责任意识"等思想品德建设，而这种注重个人道德修养、思想觉悟的要求和中国传统儒家所提倡的"修身""以德服人"一脉相承，这对新闻工作者提出了更高的道德要求，需要道德主体具有更高的自律精神。

在国外新闻伦理规范中，虽也有部分国家提及新闻工作人员需有"诚实"、"公正"精神，但这多是从职业规范角度，为了保障新闻事实的真实准确和新闻工作者的人格独立而提出的。如波斯尼亚和黑塞哥维那《报业规范》："新闻工作者在采集、报道信息和表达观点时应当有公正、诚实和礼貌的精神。"挪威《媒介伦理规范》："编辑和采编人员必须捍卫好自己的独立、诚信和信誉。"刚果（金）《新闻工作者伦理规范》："在他/她的日常工作中，当他/她报道个人或社会的事件时应表现出公平、准确、诚实、有责任感、独立以及正派。"更多国家的新闻伦理规范中只是弹性地规定了新闻从业者应以"最高的道德标准"要求自己。如南苏丹《印刷媒体的道德规范》规定："媒体要接受在任何时刻都遵守最高道德标准的要求。"斯威士兰《全国记者协会道德规范》规定："本规范意在确保其成员在履行职责时，遵守最高的道德标准，并表现出良好的专业能力和言行举止。"印度《新闻评议会伦理准则》规定："行为准则背后的制裁力量是道德，其遵守的动力源自相关媒体人内心的良知。"这种遵守最高道德标准的动力可以说是出自个人的"良知"或"良心"。

（三）维护和谐社会，促进国际合作

我国的新闻伦理规范中强调媒体有维护社会和谐、稳定的职责。如在"坚持正确舆论导向"中，提及要"以经济建设为中心，服从服务于党和国家工作大局，贯彻新发展理念，为促进经济社会持续健康发展注入强大正能量"，特别是在报道突发事件中，也要"坚持导向正确、及时准确、公开透明，全面客观报道事件动态及处置进程，推动事件的妥善处理，维护社会稳定和人心安定"。①

---

① 如何平衡对内维护社会稳定和保障表达自由这两者的关系，不同的国家有不同的理解，这也造成了伦理规范文本中的细微差异和实际执行的价值取向差异。印度《新闻评议会伦理准则》认为报道社会争议和矛盾应该有助于和谐社会环境，如"有关社会矛盾或宗教冲突的新闻、观点或评论应在对事实进行充分核实后方能发表。同时，发表时应采用一种谨慎、节制的呈现方式，应有助于营造和谐、友善、和平的社会环境"。但它同时也指出两者的矛盾，认为新闻媒体应该对两者进行权衡。"尽管新闻媒体所承担的促进社会和谐与维护国家利益的责任不可被削弱，但是公民对自由言论权的享有也是非常重要的。印度新闻媒体有必要对这两者进行判断和平衡。"

我国的新闻伦理规范中指出媒体有促进国际交流与合作，建设共同繁荣的和谐世界的责任。如新闻媒体应该"对外展示良好形象。努力培养世界眼光和国际视野，讲好中国故事，传播好中国声音，积极搭建中国与世界交流沟通的桥梁，展现真实、立体、全面的中国"。"加强与各国媒体和国际（区域）新闻组织的交流合作，增进了解、加深友谊，为推动人类命运共同体建设多做工作。"

对内维护和谐社会，对外促进国际合作，这一新闻伦理规范透露出传统儒家"和为贵""和谐""大同"的思想。希望通过媒体沟通社会各界交流，促进社会矛盾的妥善处理，促进社会和谐有序发展，这体现了中国的新闻伦理规范中较强的传统伦理道德色彩。

五　本章总结

由于各国新闻伦理规范的理论思想、建构主体、建构内容等不同，所以，当研究者提到建构全球新闻伦理时，存在诸多困难。通过对中外新闻伦理规范进行整体性分析，本研究发现中外新闻伦理规范中存在诸多相通之处，正是这些被各国共同承认的相通之处，成为建构全球新闻伦理的可能性根基。当然，新闻媒体的角色定位、价值责任等在不同的国家有不同的界定，全球新闻伦理规范只是最低限度的、最可能取得共识的伦理规范。故而，我国与世界各国共通的规范可以成为我国在参与建构全球新闻伦理规范时需要提出的条文。

而我国新闻伦理规范条文中所独具的内容，如以"专业职业操守"为衡量标准，重视新闻从业者的"品德修养"，以及新闻应当"维护和谐社会、促进国际合作"等条文要加以肯定推广，因为这些规范与我们随后探讨的我国传统伦理思想是相吻合的。

第六章　中国传统伦理与新闻伦理规范的建构

　　每个国家的新闻伦理规范都是在自己本国的国情、媒介属性和角色等基础上提出的。我们在建构全球新闻伦理规范的过程中，需要世界全局性的眼光，同时也需要结合本国所独有的传统理论资源。若非如此，所提出的全球新闻伦理规范将是与本国实际情况脱节的。因为生活于这片土地的媒体从业者一直受着传统伦理思想的熏染，基于传统伦理思想而建构的新闻伦理才是适合生活于斯的媒体从业者的，也才有可能被从业者接受。

　　在我国，影响比较大的是儒家伦理思想，本章认为"义""和""仁""诚""中庸""修身"这六条原则可能会对新闻伦理的建构有所启发。具体而言，"义利之辨"形成的"尚公"原则，要求媒体以公众利益至上；"和"所追求的社会和谐的终极目标，要求新闻报道实现安宁的社会秩序；"仁"所倡导的"仁者，爱人""推己及人"的人道主义原则，要求新闻工作者尊重人的权利和尊严；"诚"所要求的原则，要求新闻工作者追求真实，为人真诚，不得泄露秘密的消息来源；作为处事方法的"中庸"之道一方面要求新闻工作者有不偏不倚的态度，另一方面则要求新闻工作者需要有一定自主性和灵活性，根据实际情况处理不同新闻伦理的冲突；作为安身立命、成人为仁的"修身"之道则要求新闻工作者要有高尚品格。在此基础上有针对性地提出相应的新闻伦理规范，便如同有源之水，才有被媒体从业者应用的生机。

一　中国传统伦理思想及其价值

（一）以儒家思想为主流的中国传统伦理

由孔子创立的儒家学派历经 2000 多年的沉浮，是中国影响最大的思想流派，儒家思想也成为中国古代的主流思想，是中国伦理的传统之源。

春秋战国时期百家并兴，阴阳家、儒家、墨家、名家、法家等学派各领风骚，相竞相攻，出现了思想领域空前绝后之伟观。虽然以孔子为代表的儒家以"仁"为学说核心，创造了理想社会的模型和学说，但当时社会矛盾突出、礼乐崩坏，其不具有现实推行基础，并不受统治者重视。秦并天下后，法家思想得到推崇，儒家思想受到重创，而随着秦帝国之灭亡，法家严厉的刑罚被汉初统治者抛弃，温和的道家和儒家思想在汉初得以推广。及至汉武帝时期，董仲舒提出"春秋大一统""罢黜百家，独尊儒术"的主张，从此儒学成为正统思想，被代代相传。

魏晋南北朝时期，战乱不断，王朝更迭频繁，儒家思想也陷入危机，恰逢佛教输入，清谈和玄学在当时兴起，同时佛教和本土化的道家学说相结合后，产生了本土化的"禅宗"。隋唐时，佛教、道教受到统治阶级的重视，但是儒学依然占据着至尊的地位。宋明时代以儒家思想为基础，吸收佛教和道教思想形成"新儒学"。典型代表有程颐、朱熹的"理学"和程颢、陆九渊、王阳明的"心学"，两者分别为客观唯心主义和主观唯心主义，其中朱熹的"理学"影响最为深远。元明清时期，科举考试都以朱熹的"理学"内容为考试题目，对思想产生了很大的束缚。

五四运动爆发，中国一批接受新思想的知识分子把批判的锋芒指向儒家，提出了"打倒孔家店"。新中国成立后，作为封建制度文化基础代表的儒家思想不可避免地走向衰微。

传统儒家思想虽然在当代已经不是占主导地位的思想了，但其作为相对独立的社会意识，又会有明显的"继承"关系。进入 21 世纪后，儒家思想在现代逐渐开始被人们重新认识。"文化热""国学热""孔子热"重新兴起，渗透在中华民族精神之中的"仁、义、礼、智、信、忠、孝、廉、耻、和、平、公、正"等核心伦理观念，依然发挥着价值指导作用。

总体而言，中国传统伦理思想体系有两个基本特点：其一，它是中华民族各种文化精神互摄整合而形成的有机体，儒家、道家、佛家是其基本结构要素，其中儒家伦理是主流与主体；其二，它随着中华民族与中国社会的发展而生长发育，在此过程中阶级性与民族性、时代性与普遍性交错并存，浑然一体，相辅相成，相补相协。①

（二）中国传统伦理的价值及对新闻伦理的启发

儒家思想在近现当代发展的波折过程，反映了其价值的双面性。儒学曾经以封建主义和小农经济为基础，这一点遭到人们的反对和否定。而儒家思想内涵包含的传统观念又有一定价值意义。

杜维明认为，理解中国传统文化，特别是儒学，可分为两个层面：一是将它作为一种"封建思想"，即沉淀在中国人的文化心理结构中具有"封建"色彩的经济、政治、社会文化形态；二是将它作为中华民族的文化认同，象征着中华优良传统的文化精神。这种精神需要通过中国知识分子群体的、批判的自我意识来掌握和发扬。② 在倒洗澡脏水时，不能把盆里的婴儿也一同倒掉，我们从打上"封建思想"烙印的传统儒学中吸收其精华部分，无可厚非。③

中国传统儒家伦理可以为新闻伦理提供借鉴。

传统儒家伦理文化渗透社会生活各方面。小农经济的生产方式和家国一体的社会政治结构，产生了以儒家伦理道德为核心的文化价值系统。虽然没有一个民族的文化不讲道德，但也没有一个国家像中国一样如此重视伦理道德。④ 例如，中国政治学、史学、教育均以"提升道德为己任"；西方哲学家具有哲人风采，而中国哲学家具有贤人风度。中国文学及艺术以"善"为导向，甚至传统科技的价值观也是先考虑"正德"，后"利用、厚生"。在日常生活中，人的社会生活要严格按照伦理秩序进行，服饰举止，待人接物，都要强调"礼"。而作为新闻传播活动的主体，新闻工作者和研究者在认知过程中必然深受传统伦理思想的熏陶影响，形成独

---

① 张岱年、方克立编《中国文化概论》，北京师范大学出版社，2004，第 220 页。
② 〔美〕杜维明：《儒家传统的现代转化：杜维明新儒学论著辑要》，中国广播电视出版社，1992，第 49~50 页。
③ 戢斗勇：《儒家全球伦理》，甘肃人民出版社，2004，第 25 页。
④ 张岱年、方克立编《中国文化概论》，北京师范大学出版社，2004，第 210 页。

特的民族风格。因此，在建构新闻伦理准则时，需要考虑传统文化的潜在影响。

同样，中国新闻伦理在进行本土化理论重构时，需要借鉴传统伦理。

现代化的中国新闻传播事业，主要是从欧美等国家引进相关理论。但是，如果"对自己文化传统中的内在精神也丧失了起码的尊重，而不加选择地把当代西方的某种特殊理念作为普遍真理来接受，这种音盲色盲乃至自惭形秽的心态是令人担忧的，是必须化解的"。[1] 在建立本土化的新闻伦理准则时，传统文化提供了一种借鉴的可能。否则，用中国的古语来说，就是"抛却自家无尽藏，沿门托钵效贫儿"。

因此，本章研究围绕两个问题展开：其一，分析总结儒家伦理中最重要的原则，即作为普遍伦理资源的中国传统伦理；其二，分析这些原则可以为新闻伦理提供何种借鉴，即基于这些伦理原则建构新闻伦理规范的条文。其中有一点需说明：传统"儒家思想"并不仅代表着"孔子学说"，"儒"古语是"老师、读书人"的意思。孔子以后的2000多年，儒家代表人物为数甚多，论述时不能遍及，大体以孔孟、荀子、汉儒、宋明理学家、明末儒者、近现代和当代部分儒家研究者著述和言论为主。

二　儒家的义利伦理思想与新闻伦理规范的建构

义利问题是中国儒家道德学术的重要命题。义利问题包括两个联系层面：其一，义是道德准则，利是物质利益，因此义利关系是道德与利益或精神追求与物质生活的关系；其二，道德归根到底是经济的反映，义在本质上代表着社会整体利益的要求，所以义利关系又是公利和私利的关系。[2] 对此，儒家在义利问题上的基本态度是：重视精神追求，推崇公利。

因此无论重义轻利还是义利并重，在儒家对"义利"的争论中，义高于利是毋庸置疑的。"君子喻于义，小人喻于利。"[3] "因民所利而利之，

---

① 〔美〕杜维明：《东亚价值与多元现代性》，中国社会科学出版社，2001，第55页。
② 罗国杰、钱逊、陈瑛主编《中国传统道德理论卷》，中国人民大学出版社，1995。
③ 《论语》，臧知非注说，河南大学出版社，2008，第131页。

斯不亦惠而不费乎?"① 孔子把"义利"当作区分小人和君子的标准，提倡"民利"，反对只追求个人私利，强调"见利思义"。孟子则认为："王何必曰利? 亦有仁义而已矣。"② 孟子认为义和利是矛盾的。荀子则提出："先义而后利者荣，先利而后义者辱。"③ 他主张先义后利。西汉董仲舒强调道义和利不能并存，提出"正其谊（义），不谋其利；明其道，不计其功"④。宋代理学不仅坚持了董仲舒的观点，还将义利之辨引申为理欲之辨，把"义"看成至高无上的"理"，把"利"阐释为人生之"欲"，提倡"存天理灭人欲"，"大凡出义则入利，出利则入义。天下之事，唯义利而已"。（《二程语录》）

虽然明清之际，许多儒学家开始批判"重义轻利""空言道义"，但利始终离不开义。王夫之："离义无利。"颜元说："以义为利，圣贤平正道理也。""利者，义之和也。""义中之利，君子所贵也。"（《四书正误》卷一《大学》）特别是当"义""利"相互冲突时，儒家提倡，"国耳忘家，公耳忘私"（贾谊）、"先天下之忧而忧，后天下之乐而乐"（范仲淹），甚至在某些时刻，孟子所言的"舍生而取义者也"成为儒家最后的选择。如《左传》的"苟利社稷，死生以之"、林则徐的"苟利国家生死以，岂因祸福避趋之"、谭嗣同的"我自横刀向天笑，去留肝胆两昆仑"。这种对义的崇尚，内化为中国历代仁人君子的座右铭和人生信条，即对道德精神的追求和对国家民族公众利益的追求高于个人利益。

自中国近代报业发端以来，有关新闻事业的"义利之辨"也从来没有停止过，中国报人的"义利"观的基本出发点与儒家基本一致：在不影响国家民族公共利益的前提下，重视媒体的经济利益。如徐宝璜认为："报纸虽为社会公器，应以社会之利益为利益，但究系私人独立经营或集资经营之物，而非社会所公有，自亦不能无私之一面。以营业维持新闻纸之生命，乃至正当之办法，亦凡百商业共有之义。所应注意者，即如何方

---

① 《论语》，臧知非注说，河南大学出版社，2008，第 156 页。
② 《孟子》，万丽华等译注，中华书局，2006，第 2 页。
③ 《荀子》，安继民译注，中州古籍出版社，2006，第 36 页。
④ 《汉书》，谢秉洪译注，凤凰出版社，2011，第 222 页。

能公私兼顾，复能不以私而害公也。"① 其将报纸看作社会公器，强调公私兼顾。1978 年我国新闻单位实行"事业单位，企业化管理"。在市场经济体制下，大众传媒被赋予双重性质，一方面媒体作为公共领域的公众服务机构，需要成为舆论的引导者和社会公众的代言人；另一方面媒体作为独立的市场主体，需要有"市场理念"和"市场意识"，自主经营、自负盈亏。

在多数情况下，正如儒家学说的"利者，义之和也"，媒体中义利的根本意义是一致的。媒体对公众利益的坚持，可以赢得更多的受众支持，提高媒体公信力，同时吸引广告主更多的投资，最后增加媒体利润。但在目前的媒体实践中，媒体作为公共利益服务机构的角色却受到严峻挑战。儒家思想中义利之辨的矛盾反映为"社会效益和经济效益""公共利益和私人利益"的矛盾。受众和广告商变为媒体的主要利润支持者，在市场的优胜劣汰机制下，商业利润成为媒体追逐的目标，媒体并没有做到对义的坚持，承担维护国家利益和公众利益的责任，完成弘扬社会正气的使命。身处其中的新闻工作者有时也为了私人利益，做出"有偿新闻""有偿不闻""新闻敲诈"等行为。

基于此，新闻伦理条文可以做如下规定：

（1）新闻媒体对公众的责任高于一切；在经济利益和公众利益相冲突时，以公众利益为重；

（2）新闻从业者不应利用职务之便谋取私利，如不应报道与自己或家人有利益关系的股票、证券等；

（3）为了公众的利益，新闻从业者应拥有与其所承担的社会角色相匹配的薪酬，并能充分地确保其经济独立。

三　儒家的"和"伦理思想与新闻伦理规范建构

儒家认为"和实生物"②，把"和"看成万物得以产生的原因，并认为"和者，天地之正道也"。可以说"和"是对自然界、人类社会中普遍

---

① 徐宝璜：《新闻学》，中国人民大学出版社，1994，第 126 页。
② 《国语》，曹建国、张玖青注说，河南大学出版社，2008，第 310 页。

存在的事物之间和谐统一现象的理念总结。① 因而儒家 "和" 的观念渗透在社会生活各个方面，在待人接物、人际交往中体现为 "和气" "和睦"，在家庭生活中体现为 "和气致祥" "家和万事成"，在社会互动、国家关系中体现为 "和气生财" "协和万邦" "政通人和"。

儒家致力追求 "和" 的美好理念，《礼记·礼运》篇中就有对和谐社会的详细描绘，"人不独亲其亲，不独子其子；使老有所终，壮有所用，幼有所长，矜寡孤独废疾者皆有所养；男有分，女有归"。② 《论语·雍也》中也提及 "博施于民而能济众"③ 的理想状态。这与新闻媒体营造的和谐、友善、和平的社会环境功能有着天然的一致性。新闻媒体作为社会的瞭望塔和监视器，是公众了解外部世界的重要渠道。同时媒体具有社会遗产传递功能，可以传播精神文化产品，倡导同心同德、相亲相睦的团结精神，加强社会生活的向心力、凝聚力，并成为社会各界沟通交流的桥梁，促进社会不同阶层的相互理解和交流沟通，缓和或解决社会矛盾，因而有利于社会秩序或公众精神心理秩序的和谐安定。

需要注意的是，追求社会和谐的传播目标，并不是要避免报道 "不和" 之事。在孔子看来："礼之用，和为贵。"④ 礼泛指各种行为仪式和典章制度，儒家认为 "和" 需要以礼制的运用为前提。如果为了和谐而和谐，失去礼制的约束，人的行为便没有规范可言，也会离和谐越来越远。这就是孔子所认为的，"君子和而不同，小人同而不和"，⑤ 即正直的人以 "和" 为准则，但不盲从附和，而是敢于提出自己的见解。这一思想启发媒体，在报道时追求和谐安宁的传播目标，并不意味着不报道矛盾，而是在事关社会矛盾、宗教冲突的新闻、观点或评论中，应在对事实进行充分核实后，明确自己的立场，采取谨慎、节制的呈现方式，调解冲突，这既是媒体履行自身的权利和义务，也是其对社会公共利益的维护，对和谐社

① 钱穆：《从中国历史来看中国民族性及中国文化》，香港中文大学出版社，1979，第21～45页。
② 《礼记》，鲁同群译注，凤凰出版社，2011，第100页。
③ 《论语》，臧知非注说，河南大学出版社，2008，第149页。
④ 《论语》，臧知非注说，河南大学出版社，2008，第107页。
⑤ 《论语》，臧知非注说，河南大学出版社，2008，第204页。

会的促进。

与亨廷顿所认为的文化共性促进人们之间的合作和凝聚、文化差异加剧分裂和冲突不同，儒家文化赞成"和而不同"，反对"同而不和"，认为"和"并非千篇一律，而是不同但又不相互冲突。史伯的"和实生物"后还有"同则不继"，就是指不同事物聚合而得其平衡，如果只是相同事物重复相加，那就还是原来的事物，不可能产生新事物。① 面对世界文明的多样化，应做到"各美其美，美人之美。美美与共，天下大同"。这样看来，文明的冲突也并非不可避免的困境，文化的多元化需要文明之间互相承认和尊重，并在此基础上展开对话和交流，这是达成文明和谐的前提。因而媒体在报道民族和国家关系的时候，也可以借鉴儒家"和而不同"的思想，在尊重各自不同的前提下，媒体要促进国家之间关系的协调，要强调媒体对促进世界和平发展的责任和抱负。

儒家"和"的观念渗透在社会生活各个方面。实际上，"和"的观念超越了各个哲学派别的纷争和对立，它不仅是儒家主张的哲学理念，也是我国不同学派共同信奉的价值观念。《墨子·兼爱》中提倡"和"的思想，"父子相爱则慈孝。兄弟相爱则和调"。② 道家虽然否认儒家的哲学理论和价值体系，甚至激烈抨击儒家的"仁义礼智"等，但在"和"的思想上，却注重"阴阳调和"。对于新闻从业者来说，各种媒体因其立场、利益和价值观不同，观点各异的情况也很常见，"和而不同"则鼓励媒体工作人员培养同行间和睦友好的关系，鼓励行业内部间的交流，避免媒体间的恶性纷争，善于调解矛盾，并对生活世界中的差异与多元予以尊重。而"礼之用，和为贵"则要求媒体机构和新闻工作者肩负实现安宁和谐的社会目标，在争论中保持开放、互动，在争论中保持多元而不分裂，杜绝恶意炒作、极端言论、暴露隐私、暴力色情等与和谐社会建设不相适应的不和谐音符。

基于此，新闻伦理条文可以做如下规定：

（1）新闻从业者有促进本国民族团结、社会和谐发展的职责；新闻

---

① 张岱年：《中国古典哲学概念范畴要论》，中国社会科学出版社，1989，第 127~128 页。
② 《墨子》，苏凤捷等译注，河南大学出版社，2008，第 150 页。

作品不仅陈述事实、表达观点，还应当发挥塑造社会良好秩序和氛围的作用；

（2）新闻从业者应积极与各国媒体、国际性或区域性新闻组织开展交流合作，增进了解、加深友谊，推动建设持久和平、共同繁荣的和谐世界；

（3）新闻从业者须与其他同人及媒体人士保持健康和谐的职业关系，谦虚互敬，互相尊重。

四　儒家的"仁"伦理思想与新闻伦理规范建构

"仁，从来就是儒家最关心的事。"① 在《论语》中，谈到"仁"相关内容的有 58 章，其中"仁"字不少于 105 个。从孔孟到程朱，儒家都将"仁"作为最高的道德准则，以"仁"为四德、五常之首，并赋予其"百善之源""全德"之称。在讨论"仁"和"礼""乐"的关系时，孔子说："人而不仁，如礼何？人而不仁，如乐何？"② 在讨论"仁""义"的关系时，孟子说"仁，人心也；义，人路也"。

孔子说，"仁者，人也"，"仁"的地位如此之高，实际体现出儒家将"人"放在天地之间最重要的地位，崇尚人是自然之心，"天地之性，人为贵"③。对于媒体而言，"人"构成了新闻传播的主体。新闻工作者交流的对象和信息传播的对象是"人"，与"人"交往构成了新闻传播活动的重要内容。儒家的"仁者，人也"，对媒体实践的首要启示是要把"人"放在第一位，将关怀"人"视为目的，而不是将"人"视为手段。如果新闻传播活动缺乏仁爱之心，忽视人的尊严和需要，就会招来人们的质疑。因此从这一意义出发，在媒体工作中"尊重人的权利和尊严"则可以作为最基本的原则，否则就与孟子认为的"人所以异于禽兽者几希，庶民去之，君子存之"④ 中的"禽兽"没有什么区别。

---

① 〔瑞士〕汉斯·昆：《世界伦理构想》，周艺译，生活·读书·新知三联书店，2002，第121 页。

② 《论语》，臧知非注说，河南大学出版社，2008，第 120 页。

③ 《孝经》，新疆青少年出版社，1996，第 41 页。

④ 《孟子》，万丽华等译注，中华书局，2006，第 178 页。

基于此，新闻伦理条文可以做如下规定：

新闻从业者必须尊重人的权利和尊严。

不仅要将人的地位放在首位，字面上，"仁"字"二人从"，"仁"字体现的是一种人与人之间的相处之道。儒家在论述这种相处之道时，则经常以"仁爱"称之。《论语·颜渊》记载："樊迟问仁。子曰：'爱人'。"① 董仲舒说："仁者，爱人之名也。"② 把仁和爱人相连肯定了人的价值和尊严，并指出了人和人相处要互相关爱。在儒家看来实行"仁爱"的方法有两种，比较积极的方式有"夫人者，己欲立而立人，己欲达而达人，能近取譬，可谓仁之方也已"，即尽可能帮助他人实现愿望并同时让自己也实现目标。此外还有"己所不欲，勿施于人"。这体现人与人相处的最低要求，强调不要勉强别人做自己也不愿意做的事情。这与儒家所提的"忠恕"之说相一致，这里的"恕"，"如心"，从字面意思看就是对待别人如自己的心。

新闻采访是新闻传播活动的重要环节，记者和采访对象之间的交流关系到整个报道的成败。理想型的采访关系中，记者尊重、重视采访对象，能够与采访对象良性互动并建立一段愉快的采访经历，同时达到儒家的"己欲立而立人"和"己欲达而达人"的效果。但作为一种社会性活动，新闻传播的目的是帮助人们了解客观世界，在报道过程中必然涉及信息公开。在私人领域或记者对私人领域的强行访问和暴露采访对象不愿公开的信息则会与"仁爱"中的"己所不欲，勿施于人"相矛盾，侵犯采访对象的隐私权。早在 1890 年，路易斯·D. 布兰迪斯和塞缪尔·D. 沃伦提出隐私权的时候，就是针对新闻传播对人们精神上造成的伤害，认为"新闻报刊超出了礼义廉耻可以容忍的限度。传播流言蜚语不再是闲散无聊人士的消遣，而成为一种行业，被人们孜孜不倦又厚颜无耻地从事着"③。

每个人都不希望自己的隐私受到侵犯。对于公众人物而言，如果其私人活动并不涉及公共利益，其隐私权应受到保护。对于普通公民而言，在

---

① 《论语》，臧知非注说，河南大学出版社，2008，第 197 页。
② （汉）董仲舒：《春秋繁露》，曾振宇译注，河南大学出版社，2009，第 240 页。
③ 〔美〕路易斯·D. 布兰代斯等：《隐私权》，宦盛奎译，北京大学出版社，2014，第 6 页。

新闻报道中不对任何隐私细节进行技术处理，将其个人隐私暴露于众，伤害同样也是巨大的。如果媒体竞争寻求"卖点""刺激"，利用暴露隐私来展现刺激、夸张、不雅和不宜的画面，以激起读者强烈的情绪反应，刺激读者的阅读趣味，这何尝不是对读者的伤害。

可以说，在大众媒体强大传播力的影响下，尊重和保护隐私权与否实际上是在考验媒体工作者是否切实履行了"仁爱"原则。在实践中，新闻从业者不仅需要"尊重人的权利和尊严"，更需要做到如下内容：

（1）除非与公共利益有关或取得当事人同意，新闻从业者应当尊重每个人私生活不受侵犯的权利；

（2）对于个人信息的收集和使用应该且仅用于收集时所预期的目的；在合法的实践层面，媒体机构应该仅仅披露新闻中所必需的信息，从而规避侵犯他人隐私的风险；

（3）公众人物同样享有隐私不被侵犯的权利，但当有关信息与公共利益相关或属于公众有权获知的信息时，公众人物需要让渡这一部分的隐私；

（4）不得美化犯罪、恐怖主义、暴力和反人类的行为；以血腥照片、煽情内容、夸张的表述报道灾难事件、犯罪事件或意外事件，是有违职业道德操守的，这会对公众和事件相关人造成困扰和伤害。

孟子曾将"仁爱之心"称为"不忍人之心"，认为人和禽兽的本质区别在于"四端"，而其中"恻隐之心，仁之端也"。[①] 明朝儒家的代表人物王阳明认为，看见孩子掉井里了，人都会动恻隐之心，会感到震动、不安，就一定会去救，这震动和不安使我们与落井的小孩联为一体，也就是儒家所说的"仁"在起作用了。因为有恻隐之心，所以记者能体察周围的人乃至世人的痛苦。因此，有研究者将儒家"仁学"中的人道主义精神称为"道德的感通原则"。[②] 这样的感通原则体现在新闻传播活动中则是"移情"和"共情"。正如克里斯·彼得斯指出的，新闻已经是情感性

---

① 《孟子》，万丽华等译注，中华书局，2006，第 69 页。

② 哈佛燕京学社、三联书店主编《儒家与自由主义》，生活·读书·新知三联书店，2001，第 362 页。

的了，今天不同的是情感风格的日益多元。① 这与"新闻是冷静的，但不应该是冷漠的；新闻是理性的，但不应该是残忍的。新闻记者对外界的敏感和敏锐应建立在人文精神的基础之上"② 的职业认知是一致的。如果在新闻工作中缺乏这种同情心，为了新闻的视觉冲击力而去拍摄一张在暴风雨中跌倒的行人照片，其行为本身也会受到质疑。

人们称赞新闻记者，认为新闻工作者总是能够发现这个世界上不为人知的一面。然而在揭露一些事情时，如果在报道中缺乏恻隐之心，就会对相关当事人造成"二次伤害"。新闻本身的客观事实已经给当事人造成了物质或精神的第一次伤害，如果新闻从业者有一些不规范操作，那么可能让当事人或相关人员再次受到伤害，造成痛苦。特别是在灾难性新闻报道中，事后进入现场的记者为了还原灾害事故发生的情况，往往希望对不同当事人进行采访，以拼凑出灾害发生时的全景。毋庸置疑，这样的报道能够帮助还原事件发生过程，然而新闻从业者的不恰当追问，会"逼迫"受灾群众再次回忆灾难现场，将痛苦和回忆再次勾起。

因此，漠视生命而追求现场感是否得当？为了追求新闻作品的冲击力而无视当事人的隐私是否恰当？这些追问，实际上还是在拷问新闻实践中"仁"的思想是否得到落实。专业责任和人本责任的冲突背后反映的是职业中心主义和以人为本的道德价值观的冲突。③ 对此，儒家的"仁"提供的出路是，强调尊重人的价值和尊严。

孔子认为"仁"内在于自我，因此他说，"仁远乎哉？我欲仁，斯仁至矣"④。据《论语·乡党》记载，"厩焚，子退朝，曰：'伤人乎？'不问马"⑤。孔子在下朝以后，听闻自家马厩被烧毁，只问是否有人受伤，不问马，这里孔子其实将"仁"自觉地贯彻到生活中，反映的是在儒家思想中，人是社会的主体，在遭遇灾难时，优先考虑人的需求才最重要。

---

① C. Peters, "Emotion aside or emotional side? Crafting an 'experience of involvement' in the news," *Journalism* 12 (2012): 297-316.

② 牛静：《新闻传播伦理与法规：理论及案例评析》，复旦大学出版社，2015，第58页。

③ 罗彬：《试论新闻传播的人本责任》，《国际新闻界》2011年第6期，第71~75页。

④ 《论语》，臧知非注说，河南大学出版社，2008，第156页。

⑤ 《论语》，臧知非注说，河南大学出版社，2008，第177页。

但儒家同样认为，行"仁"并不是一件简单的事情。《论语·里仁》里有一句话是："我未见好仁者。"① 孔子其实是在感叹，是为了警醒大家——"仁"不是大家想得那么简单。南非的摄影记者卡特因一张《饥饿的小女孩》荣获 1994 年普利策特写类新闻摄影奖，但受到了众人的谴责。虽然新闻工作者在日常工作中很少会遇到卡特这样的伦理困境，但卡特之事却给新闻工作者以告诫——个人应当关怀人、重视人。新闻工作者需要确定自己的主体地位，自我约束，尊重他人的尊严和隐私。新闻传播活动是为人服务的，尊重人的生命、尊重人的价值、尊重人的权利、肯定人的合乎人性的生存状况同样是新闻传播的基本责任。②

基于此，新闻伦理条文可以做如下规定：

（1）新闻从业者应当怀着人文情怀采访或拍摄关于人类痛苦的场景；

（2）在涉及令人悲伤或震惊的意外事件、灾难事件时，新闻从业者应该尊重事件当事人及其相关亲属的情绪；同时，采访和报道必须有技巧，并以同情、谨慎的方法进行，不应当超越其报道的限度，应当尊重人们希望在私下悲伤的愿望；

（3）对弱势的人和团体，包括未成年人、妇女、老年人和残疾人等特殊群体以及失去亲人的人群、贫困群体或社区等，报以同情心；对此类个人或群体的处境进行报道并非完全禁止的，但媒体应该评估每次报道可能带来的影响，应当以谨慎的方式进行。

五 儒家的"诚"伦理思想与新闻伦理规范建构

《中庸》认为，"诚"是人生的最高境界；王守仁在《大学古本序》中指出："《大学》之要，诚意而已矣。"宋朝周敦颐在《通书》中指出："诚，五常之本，百行之源也。"他认为仁义礼智信及一切德性都以诚为基础。可见诚在儒家地位之高。

儒家认为，"诚"是信任的前提，两者意思基本相通。《说文解字》

---

① 《论语》，臧知非注说，河南大学出版社，2008，第 129 页。
② 罗彬：《试论新闻传播的人本责任》，《国际新闻界》2011 年第 6 期，第 71~75 页。

中提到，"诚，信也"。王通认为："推人以诚，则不言而信。"① 程颐认为："诚则信矣，信则诚矣。"（《河南程氏遗书》卷二十五）可见，"诚""信"二字往往相连，在一定意义上，诚构成信任的基础。而人们接不接受新闻，首先则取决于它是否可信。正如《春秋穀梁传·僖公二十二年》指出："人之所以为人者，言也。人而不能言，何以为人？言之所以为言者，信也。言而不信，何以为言？"人与人的沟通交流需要言语，如果言而不信，言而不诚，就会失去相互信任，同样，作为交流传播的媒介，失去公众信任会直接威胁到传媒业存在的合理性，使之失去存在的价值和基本条件。《左传·僖公十四年》指出："弃信背邻，患孰恤之。无信患作，失援必毙。"② 可见，当媒体失去了真实，牺牲了公信力，它也会被公众抛弃。

儒家的诚是"真实、真诚、诚信"的意思。如宋代理学家朱熹认为："诚者，真实无妄之谓。"强调真实，不虚伪。许慎《说文解字》的"诚，信也"，认为只有"诚"才能带来相互的信任。因此，诚的基本要求是真实，体现在个人修行上就要"内诚于心，真实无欺"，即所谓"反身而诚，乐莫大焉"③；体现在人际交往中，即"推之以诚"，"与朋友交，言而有信"；体现在治国安邦中，即"政令信者强，政令不信者弱"④，政令的真实可信才是国家建立的基础。

同样，真实也是新闻的生命。儒家的"诚"体现在新闻传播中，要求新闻工作人员将真实可信放在头等重要位置，要考虑新闻的来源是否准确；在新闻文稿写作时要考虑新闻涉及的5W各要素是否真实，背景材料的运用是否真实等。

基于此，新闻伦理条文可以做如下规定：

（1）对于但凡存有丝毫疑虑的信息，新闻从业者都应放弃，或以专业标准所要求的方式进行保留性发布；

（2）新闻从业者应当及时更正那些不准确、含有歧视、误导性和伤

---

① （隋）王通撰《中说》，王雪玲点校，辽宁教育出版社，2001，第19页。
② 李索：《左传正宗》，华夏出版社，2011，第113页。
③ 《孟子》，万丽华等译注，中华书局，2006，第298页。
④ 《荀子》，安继民译注，中州古籍出版社，2006，第230页。

害他人名誉的信息，即使报道中涉及的个人或组织没有要求媒体进行回复和更正；网络媒体除更正外，还需及时撤销上述信息，并向当事人和读者发表致歉声明；更正的内容应当置于显著位置，尽量避免重述原始信息。

从诚字面上看，"诚，言成"，因此对于"诚"的考察，不仅要看承诺，更要看在行动上是否与之一致。儒家十分重视"言"与"行"的关系，提倡在人际交往中"讷于言而敏于行"①"先行其言而后从之"②，以"听其言而观其行"③ 作为判断人是否可靠的标准。正如《论语·卫灵公》记载："子张问行。子曰：'言忠信，行笃敬，虽蛮貊之邦，行矣。言不忠信，行不笃敬，虽州里，行乎哉？'"④ 因此，只要言而有信，言行一致，即便是在蛮荒陌生的地方也能得到他人的信任。对于新闻工作者而言，则不仅要将"立其诚"作为工作指导原则的首位，也要在行动上遵守"诚"。具体而言，"诚"的原则要求新闻工作者不得抄袭、剽窃他人作品，也不得以不诚实、不真诚的方式收集新闻采访资料。同样，承诺采访对象的事情要做到。

虽然儒家强调"信而有征"，"言必信，行必果"，"言而不信，何以为言"，讲究诚实信用、真诚不欺。但在实际工作中，新闻工作者往往面临"坚持诚信原则与获取新闻信息的矛盾""承诺匿名消息来源与新闻信息的公开的相矛盾"等这样的伦理困境，对此儒家认为"诚"的原则并不是类似康德的绝对律令的原则，孔子认为："信近于义，言可覆也。"⑤孟子说："大人者，言不必信，行不必果，惟义所在。"⑥ "能守善，斯可谓诚。"（《河南程氏粹言》卷一）因此，虽然"诚"是儒家所称赞的美德，但新闻工作者也需要考虑特殊场合、事件下的情形，进而做出取舍。当对消息来源做出承诺时，需要仔细询问匿名消息来源的动机，除遇事关公众利益不得不公开消息来源外，还是应信守诚信，不得泄露消息来源。

---

① 《论语》，臧知非注说，河南大学出版社，2008，第133页。
② 《论语》，臧知非注说，河南大学出版社，2008，第115页。
③ 《论语》，臧知非注说，河南大学出版社，2008，第137页。
④ 《论语》，臧知非注说，河南大学出版社，2008，第221页。
⑤ 《论语》，臧知非注说，河南大学出版社，2008，第110页。
⑥ 《孟子》，万丽华等译注，中华书局，2006，第175页。

基于此，新闻伦理条文可以做如下规定：

（1）严禁剽窃、抄袭他人作品；当新闻从业者在报道中引用他人的报道或作品时，应当标明出处，不得将他人作品视为自己的作品发表；

（2）新闻从业者不应采用违法、欺骗或威胁等非正当手段获取信息，除非该信息涉及重大公共利益而又无法通过其他手段获取；在使用非正当手段获取信息之前，新闻从业者应告知编辑或部门主管并获得同意；

（3）如果新闻从业者承诺不透露消息来源，特别是当公开消息来源会对提供消息的人带来伤害时，那么新闻从业者应当履行保密承诺，除非消息来源提供的信息事关公共利益、提供的信息不实或消息来源同意公开身份。

六　儒家的中庸伦理思想与新闻伦理规范建构

董仲舒说："德莫大于和，而道莫正于中。"[1] 如果说"和"是儒家的理想社会形态，那么"中庸之道"就是儒家的方法论。孔子甚至将"中庸"提到"至德"高度，认为中庸是一种常人很难达到的崇高品德。《论语·雍也》："中庸之为德也，其至矣乎？民鲜久矣！"[2]

作为一种高明的处世方法，儒家的中庸强调"不偏不倚"，即"不偏之谓中；不易之谓庸"。但这并不是"折中主义"，孔子认为："择其善者而从之，其不善者而改之。"[3] 要在正和不正之间取正，是在错误的极端观点上寻求正确，而不是在正确和错误之间取其中。因此这种"不偏不倚"体现在媒体中就是对"公正"的追求。媒体依照规范的新闻采编程序，以中性的语言和客观的立场、公道正直的态度报道新闻。对于同一事件，不同媒体由于各自对于事实的选取不同，所呈现的"事实"也会大相径庭，不同的"窗口"会使公众看到不一样的"景观"。如果媒体只侧重对好人好事的宣传，容易造成"一片大好山河"的景象，使得社会生活中真正的矛盾和冲突被掩盖；而如果只侧重对社会负面新闻的揭露，则

① （汉）董仲舒：《春秋繁露》，曾振宇译注，河南大学出版社，2009，第361页。

② 《论语》，臧知非注说，河南大学出版社，2008，第149页。

③ 《论语》，臧知非注说，河南大学出版社，2008，第155页。

同样不利于社会形成良好的道德风尚。这些都违背了报道的公正原则。新闻报道必须兼顾不同新闻主体的视角和叙事，力求全面、完整、深入地展示生活。

基于此，新闻伦理条文可以做如下规定：

新闻从业者应以求真、公平、客观、不偏不倚和全面的态度处理新闻材料，确保报道正确无误，没有断章取义或曲解新闻材料的原意，不致误导公众。

要做到儒家的"不偏不倚"，则需要强调"适中""适度"。《礼记·中庸》说："执其两端，用其中于民。"[①] 反对从一个极端跳到另一个极端，采取中正的办法施行于民，追求适度原则。子贡问："'师与商也孰贤？'子曰：'师也过，商也不及。'曰：'然则师愈与？'子曰：'过犹不及。'"[②] 在孔子看来，超过了"中"就是"过"，达不到"中"就是"不及"。"中庸"讲求适中、适度、适可而止，反对"过"和"不及"两种倾向。

同样，进行公正报道是媒体的责任，但媒体在履行责任时，面对的是良心的判断，而缺乏明确标准的条文规定，因此要做到公正不容易。儒家中庸的"适中、适度"对媒体而言，则是需要掌握适度原则，追求报道的"平衡"。媒体既要代表大多数人的立场，同时也要保护少数人发表意见的权利，要避免出现弱势群体缺少话语权的"失语"现象，避免媒体对其进行"妖魔化"的倾向。在报道中，如果只发布某一方面的信息，或者出现太多的煽情报道、太多的正面报道、太多的主观色彩和片面报道等，容易引起受众对某一方的强烈指责，最后遭遇新闻反转。特别是在舆论监督中由于度的把握不当，容易出现干预司法公正的"媒体审判"。

虽然儒家认为"允执其中"是处理事物的基本法则，但儒家中庸对于这种"适"的把握，主张"通权达变"，根据具体情况而采取灵活措施，体现原则性和灵活性的高度统一。儒家《礼记·礼器》提出："礼，

---

① 《礼记》，鲁同群译注，凤凰出版社，2011，第195页。

② 《论语》，臧知非注说，河南大学出版社，2008，第185页。

时为大。"① 《易·系辞》曰："变通者，趋时者也。"孟子同样也认为
"此一时，彼一时"，说："执中而无权，犹执一也。所恶执一者，为其贼
道，举一而废百也。"② 这强调了中庸理论的基本原则和实践中的具体运
用应结合起来。对于媒体而言，报道复杂的客观世界往往面临两难选择，
如公共利益和采访对象隐私的矛盾、消息来源匿名的请求和媒体信息公开
的需求、和谐社会的要求和舆论监督的冲突等。儒家的中庸原则要求媒体
人员在处理问题的时候灵活地根据实际情况做出取舍，在坚持媒体报道要
平衡、客观、公正的前提下，媒体和媒体从业人员应有一定选择自主权，
媒体自身需要在对现实情况权衡后，做出合宜的选择。

基于此，新闻伦理条文可以做如下规定：

（1）新闻从业者应保持观点的平衡性，即对重要观点都要予以呈现，不
厚此薄彼，当一方拒绝或没有回复能力时，应该予以说明或避免片面呈现；

（2）新闻从业者应保持观点的多样性，即要对不同的新闻对象进行
采访，不仅反映一方的看法，还要反映多方的见解；

（3）新闻从业者在处理新闻报道时具有一定范围的自主性和灵活性，
当部分原则和新闻理念相冲突时，可根据实际情况灵活取舍。

七　儒家的修身伦理思想与新闻伦理规范建构

"太上有立德，其次有立功，其次有立言。"我国传统文化大多把修
身放在十分重要的位置，把修身立德作为安身立命、成人为仁的根本。在
儒家看来，修身的出发点在于"为己"，在于培养自己的道德品质，使自
己具有较高的道德素质和人格境界。孔子说："古之学者为己，今之学者
为人。"③ 王夫之也说："为己是立心之始，规画得别。君子小人到底分
别，即从此差异。"④ 这种"为己"强调的是道德的高度自觉性，是指为
提高自身修养而去学习，其批评今之学者为了名利而学。

---

①　《礼记》，鲁同群译注，凤凰出版社，2011，第109页。

②　《孟子》，万丽华等译注，中华书局，2006，第302~303页。

③　《论语》，臧知非注说，河南大学出版社，2008，第214页。

④　（清）王夫之：《读四书大全说》上册卷三《中庸》，中华书局点校，中华书局，1975，
第187页。

按照修身的道德理想实现的不同标准，儒家把道德人格分为圣人、贤人、仁人、大人、君子、成人、善人等。圣人是人格品德中的最高典范，"内圣外王"被公认为是儒家修身所建构的理想道德人格，这种"王"不是指一定要获得"王"的身份，而是通过修身具备了"王"的资格。新闻工作者对于事实的忠实守望和对于工作职责的坚守，使人们常称赞其为"无冕之王"。作为专业知识分子的我国新闻工作者，不能置身于文化系统之外，其接受儒家思想的若干信念与主张，予以认同，付诸实践是必然选择。因此，儒家提高道德素质的修身观念对新闻媒体工作者而言也非常重要。

在儒家修身立德观和"内圣外王"观的感召下，儒家的修身体现出强烈的兼济天下的民族使命感，强调独立人格、自强不息、坚韧不拔之志。"天下兴亡，匹夫有责""为天地立心，为生民立命，为往圣继绝学，为万世开太平"正是这种使命感的写照。孟子提出的"舍生取义""富贵不能淫，贫贱不能移，威武不能屈"的"大丈夫"气概，成为后世坚持独立人格、保持自尊自重气节的榜样。"天行健，君子以自强不息"和"浩然之气"等精神可以说深入中国士大夫的骨髓，被视为不畏艰险、顽强刚毅、决意行道的力量源泉和内在动力。《史记·太史公自序》中提及"文王拘而演《周易》；仲尼厄而作《春秋》；屈原放逐，乃赋《离骚》；左丘失明，厥有《国语》"① 等，这些人更是在遇到挫折困境时人们自我勉励的楷模。儒家这种对于民族、国家的使命感，正是中国知识分子一贯坚持的个体应该为群体服务的信念，是出自道德心的自觉，而以仁仁覆育群伦的努力。②

中国新闻界从办报伊始，就比较注重对报人德性问题的探讨，其从不同方面强调了新闻工作者应具备的坚持真理、刚毅不屈、责任意识、独立不倚等品德，这些品德也正是中国传统儒家思想中圣人君子应有的道德品质。如邵飘萍把品性提高为记者"第一要素"，"所谓品性者，乃包含人格、操守、侠义、勇敢、诚实、勤勉、忍耐及种种新闻记者应守之道德"。他曾借用孟子论述的语言，强调记者的独立精神，"贫贱不能移，

① （汉）司马迁：《史记》，延边人民出版社，1995，第332页。
② 马骥伸：《新闻伦理》，三民书局，1997，第155页。

富贵不能淫，威武不能屈，泰山崩于前、麋鹿兴于左而志不乱，此外交记者之训练修养最不可缺者"。① 吴鼎昌、张季鸾、胡政之在主持新记《大公报》时期，提出著名的"不党、不卖、不私、不盲"的社训，这种独立性和儒家所提倡的"大丈夫"人格与浩然气概也一脉相承。徐宝璜在《新闻纸与社会之需要》中提倡"伟大之记者，应有大无畏之精神，见义勇为，宁牺牲一身以为民请命，不愿屈于威武而噤若寒蝉"。② 刘少奇在《对华北记者团的谈话》中提出："新闻记者要坚持真理，要有斗争性，头上要长角。"③这种新闻工作者不惜牺牲性命也要抱定真理的信念，与儒家的"笔可焚而事实不可改，身可杀而良心不可夺"④ 的"史官精神"相一致。

基于此，新闻伦理条文可以做如下规定：

新闻从业者应具备高尚的个人品格。

虽然孔子感叹："圣人，吾不得而见之矣。"⑤ 但儒家并非坐而论道的空想家、空谈家，他们同时也是实践家。儒家主张"人皆可以为尧舜"⑥，认为人性有发展和进步的潜能，普通人可以通过修身成为圣人，通过学习、自省和慎思、慎独、身体力行等修身途经及方法可以实现"内圣外王"。

在儒家看来，不管其心性论为何，或是否主张先验论，其都应对学习给予高度重视，《论语》开篇就是《学而》篇，第一句就是"学而时习之，不亦说乎？"⑦ 孟子提出要"谨庠序之教，申之以孝悌之义"⑧，认为学习能够使人"明人伦"。荀子同样重视学习，专门作《劝学篇》以论述"学习"的重要性，认为"君子博学而日参省乎己，则知明而行无过矣"，并提出了许多学习的方法，如"多闻，择其善者而从之；多见而识之，知之次也""博学于文""敏而好学，不耻下问"⑨ 等。而做学习型人才，

---

① 邵飘萍等：《新闻文存》，中国新闻出版社，1987，第388页。
② 徐新平：《新闻伦理学新论》，湖南师范大学出版社，2001，第88页。
③ 中国社会科学院新闻研究所编《中国共产党新闻工作文件汇编》，新华出版社，1980，第365页。
④ 任白涛：《应用新闻学》，上海书店出版社，2011，第10页。
⑤ 《论语》，臧知非注说，河南大学出版社，2008，第155页。
⑥ 《孟子》，万丽华等译注，中华书局，2006，第265页。
⑦ 《论语》，臧知非注说，河南大学出版社，2008，第106页。
⑧ 《孟子》，万丽华等译注，中华书局，2006，第9页。
⑨ 《荀子》，安继民译注，中州古籍出版社，2006，第1~9页。

提高专业能力对新闻工作者而言同样重要。新闻工作者是信息的把关人、环境的监测者，这一角色对其职业素质、人际交往能力提出了较高的要求。同时，在信息知识急剧增长的时代，新闻工作者需要系统掌握新闻相关知识和科学文化知识，不断更新自己的知识结构，广泛涉猎，以了解社会发展主流趋势。因此，新闻工作人员要成为能应付各种变化的"学习型"人才，成为"杂家"和"专家"。

儒家的修身也强调自省和慎思，即对言行的自我反省和深思熟虑。如"见贤思齐焉，见不贤而内自省也"[①] "吾日三省吾身"[②] "反身而诚，乐莫大焉。强恕而行，求仁莫近焉"[③] "见善，修然必以自存也；见不善，愀然必以自省也"[④] 都是强调对自己不足方面的检讨，希望通过向君子学习提高自己。而"君子有九思"[⑤] "学而不思则罔，思而不学则殆"[⑥] 则提倡不断地思考以强化自觉的道德状态。对于新闻工作者而言，其工作性质要求其"求快""求新"，虽然面对复杂的现实世界，新闻报道努力追求真实、客观、准确，但出于主客观的原因，新闻工作者也难免会犯错。由于犯错的成本和影响力太大，新闻工作者在日常工作中更需要每日"三省吾身"，从而避免错误和纠正失误。

同时，儒家的修身强调慎独，即没有人的时候，君子也需注意自己的言行、品德。这如同《论语》中的"战战兢兢，如履薄冰"，而更甚于曾子的"吾日三省"[⑦]。慎独既可以说是一种精神境界，正如"慎独即不自欺"（《陆九渊集》卷三十四《语录上》），"慎独者，与人交接之本也。君子戒慎于不睹不闻，省察于莫见莫显"；[⑧] 也可以说是一种不可须臾离也的道。这种"慎独"对新闻工作者提出了更高的行为准则，需要其比普通职业工作者更加具有道德自觉性。修身作为道德的自律，实际上是在

---

① 《论语》，臧知非注说，河南大学出版社，2008，第131页。

② 《论语》，臧知非注说，河南大学出版社，2008，第107页。

③ 《孟子》，万丽华等译注，中华书局，2006，第289页。

④ 《荀子》，安继民译注，中州古籍出版社，2006，第10页。

⑤ 《论语》，臧知非注说，河南大学出版社，2008，第232页。

⑥ 《论语》，臧知非注说，河南大学出版社，2008，第116页。

⑦ 《论语》，臧知非注说，河南大学出版社，2008，第107页。

⑧ （明）王阳明：《王阳明传习录及大学问》，黎明文化事业股份有限公司，1986，第219页。

对个人道德、为人处世修养、对待职业的态度上对新闻工作者提出了更高的要求，希望其拥有独立人格和更高的人生境界。

儒家修身强调身体力行。修身之道所追求的"君子""圣人"人格也并非空洞的设想或幻想，"（对于儒家而言）发展的理想人格一定参与社会实践，而不只是仰慕一种超越的意境，或满足于内在的精神"。① 其强调"君子学以致其道"②。孔子提倡修身要懂得谨言慎行，"敏于事而慎于言"③，反对言行不一的"巧言令色"。南宋大理学家朱熹提出"学之之博，未若知之之要，知之之要，不若行之之实"（《朱子语类·卷十三》）。对于新闻工作者而言，除了学习知识外，还要注意知行合一。新闻业有句形容记者工作生涯的行话"铁腿神仙肚"，意即"新闻是跑出来的"。同样，如果没有用行动来践行修身，当新闻界以文谋钱谋私之风日盛时，道德底线就容易被打破。

基于此，新闻伦理条文可以做如下规定：

（1）新闻从业者无论在日常生活还是公共场合中，都要选择合适的着装，注意行为举止得体，言行不得有损职业荣誉；

（2）新闻事业是一项艰苦的事业，这要求新闻从业者需具备吃苦耐劳的品质、乐观向上的态度和强烈勇敢的意志力；

（3）新闻事业是一项影响公众的事业，这要求新闻从业者具备广博的知识，并不断学习、不断求知，提高各方面素养。

八　本章总结

本章对儒家传统伦理中的"义""和""仁""诚""中庸""修身"等思想进行分析，认为其作为调整人与人、人与社会关系的伦理思想，也适用于新闻从业者的工作。新闻从业者首先是社会中的"人"、是社会一分子，应当成为一个有伦理操守的人，然后其才是作为"职业一分子"的人，故而，儒家传统伦理中的规范可以推演至新闻从业者的为人处世

① 〔美〕杜维明：《现代精神与儒家传统》，生活·读书·新知三联书店，1997，第407页。
② 《论语》，臧知非注说，河南大学出版社，2008，第249页。
③ 《论语》，臧知非注说，河南大学出版社，2008，第110页。

中。本章正是在此基础上，提出了相应的伦理规范。

  本章结合儒家传统伦理思想提出的伦理规范，与之前分析的世界各国新闻伦理规范的共通准则有部分相同之处，同时也与我国现有的新闻职业道德规范中的内容有部分相同之处。这可以从一个侧面说明，中外新闻从业者的一些基本伦理理念是相通的。

第七章　基于全球视野的新闻伦理规范的建构

一　新闻伦理规范的文本

新媒体技术的发展使得一种普遍的全球新闻伦理成为必需，建构一种新的世界性道德观念或价值理念的表达，需要首先建立普遍性道德规范，即寻找一种可普遍化的话语表达方式，一种新的可以普遍沟通的道德话语。本书从理论层面分析一种最低标准的伦理规范存在的可能性，继而围绕"全球134篇新闻伦理规范共通准则、中外新闻伦理规范的对比、儒家伦理与新闻伦理"三个层面的伦理话语进行分析，最终建构出相应的适用于全球化传播语境下的新闻伦理文本。

本书以一种"尝试的、努力的"姿态来探讨新闻伦理规范，回答了本研究在构想时所提出的问题，即"中国参与建构全球新闻伦理的路径是什么"。这种路径是"立足于以多样性为根本特征的文化生态，从客观的伦理思想和新闻伦理事实中归纳、综合出伦理共识"。

下面将本书第四、五、六章中提出的新闻伦理规范总结如下，形成一份《全球新闻伦理规范》文本，希望为新媒体环境下、全球化语境下的我国新闻伦理规范建构提供一种可供选择的思路与方案。

媒体权利与责任：

（1）确保媒体自由表达是满足公众知情权、表达权、监督权的基础。自由地接触消息来源、发布新闻信息与观点是新闻从业者的权利，这一权利应当受到《世界人权宣言》等国际公约和相关法律的保护；同时，新闻从业者行使表达自由的权利，应在国家法律和社会道德许可的范围内进行；

（2）新闻媒体对公众的责任高于一切；在经济利益和公众利益相冲突时，以公众利益为重；

（3）新闻从业者有促进本国民族团结、社会和谐发展的职责；新闻作品不仅陈述事实、表达观点，还应当发挥塑造社会良好秩序和氛围的作用。

真实准确、更正：

（1）提供准确的信息，满足公众的知情权是新闻从业者的职责；

（2）新闻从业者应以求真、公平、客观、不偏不倚和全面的态度处理新闻材料，确保报道正确无误，没有断章取义或曲解新闻材料的原意，不致误导公众；

（3）对于哪怕存有丝毫疑虑的信息，新闻从业者都应放弃，或以专业标准所要求的方式进行保留性发布；

（4）在报道发布之前，新闻从业者应当对其中的事实性信息进行核实，引语、图片、数据的使用应当准确，不偏离原意和原始语境；

（5）报道的标题不应具有误导性，应当与报道的内容相符；

（6）新闻从业者应当及时更正那些不准确、含有歧视、误导性和伤害他人名誉的信息，即使报道中涉及的个人或组织没有要求媒体进行回复和更正；网络媒体除更正外，还需及时撤销上述信息，并向当事人和读者发表致歉声明；更正的内容应当置于显著位置，尽量避免重述原始信息。

新闻与观点、广告：

（1）在报道中应当明确区分事实与观点，新闻中的观点应当交代出处，不得将评论、推测当作事实发表；

（2）新闻从业者应保持观点的平衡性，即对重要观点都要予以呈现，不厚此薄彼，当一方拒绝或没有回复能力时，应该予以说明或避免片面呈现；

（3）新闻从业者应保持观点的多样性，即要对不同的新闻对象进行采访，不仅反映一方的看法，还要反映多方的见解；

（4）新闻与广告相区分，广告信息应带有明显的标记，避免误导读者；尤其在网络媒体中，应当杜绝以新闻的形式呈现广告。

消息来源：

如果新闻从业者承诺不透露消息来源，特别是当公开消息来源会对提供消息的人带来伤害时，那么新闻从业者应当履行保密承诺，除非消息来源提供的信息事关公共利益、提供的信息不实或消息来源同意公开身份。

尊重公民权利：

（1）新闻从业者必须尊重人的权利和尊严；

（2）除非与公共利益有关或取得当事人同意，新闻从业者应当尊重每个人私生活不受侵犯的权利；

（3）公众人物同样享有隐私不被侵犯的权利，但当信息与公共利益有关或属于公众有权获知的部分时，公众人物需要让渡这一部分的隐私；

（4）不可披露未成年人、性侵害事件的受害人的姓名、住址、照片及其他可能推断出其身份的信息；

（5）对于个人信息的收集和使用应该且仅用于收集时所预期的目的；在合法的实践层面，媒体机构应该仅仅披露新闻中所必需的信息，从而规避侵犯他人隐私的风险。

关怀：

（1）新闻从业者应当怀着人文情怀采访或拍摄关于人类痛苦的场景；

（2）在涉及令人悲伤或者震惊的意外事件、灾难事件时，新闻从业者应该尊重事件当事人及其相关亲属的情绪；同时，采访和报道必须有技巧，并以同情、谨慎的方法进行，不应当超越其报道的限度，应当尊重人们希望在私下悲伤的愿望；

（3）对弱势的人和团体，包括未成年人、妇女、老年人和残疾人等特殊群体以及失去亲人的人群、贫困群体或社区等，报以同情心；对此类个人或群体的处境进行报道并非完全禁止的，但媒体应该评估每次报道可能带来的影响，应当以谨慎的方式进行；

（4）不得美化犯罪、恐怖主义、暴力和反人类的行为；以血腥照片、煽情内容、夸张的表述报道灾难事件、犯罪事件或意外事件，是有违职业道德操守的；这会对公众和事件相关人造成困扰和伤害。

公正立场与独立性：

（1）新闻从业者应当拒绝任何可能有损报道真实性和客观性的经济利益的诱惑，如车马费、旅游、礼品等馈赠；

（2）新闻从业者不应利用职务之便谋取私利，如不应报道与自己或家人有利益关系的股票、证券等；

（3）新闻从业者应当捍卫新闻活动的独立性，抵制广告商等外在经济压力和政治压力的不正当影响；

（4）当编辑对报道的改动违背了客观事实或新闻从业者的职业理念时，新闻从业者有权拒绝在报道中署名；

（5）为了公众的利益，新闻从业者应拥有与其所承担的社会角色相匹配的薪酬，并能充分地确保其经济独立。

正当信息获取方式：

新闻从业者不应采用违法、欺骗或威胁等非正当手段获取信息，除非该信息涉及重大公共利益而又无法通过其他手段获取。在使用非正当手段获取信息之前，新闻从业者应告知编辑或部门主管并获得同意。

剽窃抄袭：

严禁剽窃、抄袭他人作品。当新闻从业者在报道中引用他人的报道或作品时，应当标明出处，不得将他人作品视为自己的作品发表。

行业关系：

（1）新闻从业者须与其他同人及媒体人士保持健康和谐的职业关系，谦虚互敬，互相尊重；

（2）新闻从业者应积极与各国媒体、国际性或区域性新闻组织开展交流合作，增进了解、加深友谊，推动建设持久和平、共同繁荣的和谐世界。

素养：

（1）新闻从业者无论在个人日常生活还是公共场合中，都要选择合适的着装，注意行为举止得体，言行不得有损职业荣誉；

（2）新闻事业是一项艰苦的事业，这要求新闻从业者需具备吃苦耐劳的品质、乐观向上的态度和强烈勇敢的意志力；

（3）新闻事业是一项影响公众的事业，这要求新闻从业者具备广博的知识，并不断学习、不断求知，提高各方面素养；

（4）新闻从业者应具备高尚的个人品格。

灵活性：

新闻从业者在处理新闻报道时具有一定范围的自主性和灵活性，当部分原则和新闻理念相冲突时，可根据实际情况灵活取舍。

二　研究展望与附录说明

（一）研究说明与展望

本研究总结了全球视野下的新闻伦理规范文本，同时又基于中国儒家伦理而拟定了 20 余条新闻伦理规范文本。这两份伦理规范文本中存在诸多相同的内容，通过整合这两份文本内容，本研究形成了一份较为完整的新闻伦理规范。规范中的条文具有一定的普遍适用性，可以作为我国建构新闻伦理规范文本的参考。这样形成的新闻伦理规范文本是容易为国际社会所接受、所认可的文本。至此，中西媒体伦理规范的对话便具有较强的可能性。

需要说明的是，本研究所建构的全球新闻伦理是一种低限度的普遍主义伦理。本研究所寻求的全球新闻伦理并不是某种形式的统一的世界性思想体系，也不是一种排斥各种特殊媒体文化传统的强迫性价值体系。相反，它只是也只能是一种基本的道德共识。通过前面几章的分析，如此建构的伦理规范文本只是针对媒体最为基本的伦理问题，它是"一种普遍主义的底线伦理"或"低限度的普遍主义伦理"。

当然，不能说这一研究及其文本是最为优化且最为理想化的。最理想的全球新闻伦理建构，需要基于"对话"而形成，这里的探讨可视为来自东方的、中国的一种声音，这种声音对于全球新闻伦理研究是必要的。

本研究具有一定的创新之处。其一，本研究摆脱过去传统的对某种具体现象的道德分析，不再仅仅停留在道德规范的诉求层面，而尝试建构出新闻伦理相对统一的根基理论，从而为新闻伦理的学科建构提供依据。其二，本研究认为适宜的全球新闻伦理是一种"最低限度的"新闻伦理，以便适合不同国家的国情，正因为它是"最起码的"，所以它也是可以"最大普遍化的"。适宜的全球新闻伦理在保持与尊重道德多元的基础上，寻求一种道德共识，可以同时兼容于东西方的媒体文化中，有助于缓冲世界交流中的冲突。

在未来的研究中，研究者可以从以下四个方面入手，进一步丰富全球新闻伦理的研究。其一，探讨我国传统伦理的内在脉络及其与新闻伦理的关系和借鉴；其二，基于新闻伦理的视角研究跨文化传播中的伦理困境、伦理误区，并提出相应的解决对策；其三，结合基本的伦理理想，如正义、平等、宽容、关怀等，探讨全球化语境下的新闻伦理建构；其四，不仅仅关注我国的新闻伦理案例，研究者可以探讨不同国家、地区、文化中的传播伦理案例，分析新媒体时代的新闻从业者是如何认知伦理规范、如何坚持伦理操守的，使该领域的研究主题多元化。

（二）附录说明

本书的附录由两部分构成。其一是"基于新闻自律与新闻伦理规范的主题性探讨"，这是对新闻伦理规范这一研究方向的聚焦式研究，作为本研究的扩展性阅读文章。虽然本书的正文章节是基于新闻伦理规范而展开的，但新闻伦理规范并不是僵化的、固化的，它是与实践密切相关的，基于伦理规范对实践中新闻伦理现象进行反思从而进行主题性探讨是有必要的，该附录便是在此方面的一点探索。其二是"部分新闻伦理规范文本"，这是将个别国家的新闻伦理规范呈现出来，这些新闻伦理规范都是最近几年新修订的，其内容相对于笔者 2018 年出版的《全球媒体伦理规范译评》一书中的规范内容略有调整，可帮助读者对不同国家的新闻伦理规范文本有更为直观的认识。

附录一 基于新闻自律与新闻伦理规范的主题性探讨

新闻公评人变革争议与实践价值研究

新媒体技术的应用不仅带来了新闻生产、信息传播方式的变化，也带来了新闻自律实践的革新。2017 年 5 月，《纽约时报》（*The New York Times*）撤销了自 2003 年起设立的新闻公评人（news ombudsman）岗位——公共编辑（public editor），决定开放文章的评论功能，借助社交媒体用户的力量进行媒体监察。此外包括《华盛顿邮报》《今日美国》等在内的一批媒体也取消了新闻公评人岗位，[①] 曾经风行的以设置新闻公评人为特征的媒体问责一时遇冷。但与此同时，英国《卫报》（*The Guardian*）、加拿大广播公司（Canadian Broadcasting Corporation）等媒体仍然保留了新闻公评人岗位。在社交媒体时代是否还有必要保留新闻公评人岗位成为学界讨论的热点。不同媒体机构截然不同的选择，促使我们探究新闻公评人的功能及运作机制，分析新闻公评人在实践中面临的困境，总结在媒体技术高度发达而媒体伦理失范现象并未减少的情况下，新闻公评人的发展路

[①] 新闻公评人在不同的媒体机构中有不同的称呼，如公共编辑（public editor）、读者代表（reader representative）、读者拥护者（reader advocate）等。参见 Kenneth Starck & Julie Eisele, "Newspaper ombudsmanship as views by ombudsmen and their editors," *Newspaper Research Journal* 4（1999）：37。本文正文统一使用新闻公评人，引用文献时使用原文献的表达方式。

径和其对我国新闻媒体的启示。这些问题构成了本研究将要探讨的主要内容。

（一）新闻公评人的设立与运作

1. 新闻公评人的发展轨迹：从区域性媒体设立到全球性组织成立

最早提出新闻公评人概念的是媒介批评家巴格迪坎（Bagdikian），他指出该岗位的职责是为报社发声，发挥报纸满足公众利益的作用，以改善公众对媒体的信任。① 较早将新闻公评人付诸实践的是美国《信使报》（Courier-Journal），该报在1967年任命了美国第一位新闻公评人约翰·赫彻罗德（John Hershenroeder）。此后欧洲、美洲、亚洲等地的报纸媒体相继设立了新闻公评人，如美国《华盛顿邮报》、《纽约时报》、英国《卫报》、加拿大《多伦多星报》（The Toronto Star）、加拿大广播公司。除此之外，也有国家、媒体自律组织任命新闻公评人的情况。如瑞典的新闻公评人由议会首席监察员、瑞典律师协会主席和新闻协会联合委员会主席组成的委员会任命，受聘于由国家新闻俱乐部、瑞典记者联盟、瑞典媒体出版商协会和杂志出版商协会管理与资助的新闻公评人基金会，任期三年。②

国际性的新闻公评人组织——新闻公评人与标准编辑组织（Organization of News Ombudsmen and Standards Editors，ONO）于1980年成立。该机构是一个旨在提高新闻质量、组织世界各地新闻公评人成员讨论相关工作、分享经验的非营利性组织。截至2020年11月9日，该机构有58名会员，这些会员来自美洲、欧洲、亚洲、非洲、大洋洲的媒体机构、新闻评议会、高校等。③

2. 新闻公评人的运作机制：以程序化处理读者投诉为核心

新闻公评人作为媒体与读者进行联系的桥梁，其首要职责是接收并处

---

① 单波、陈俊妮：《美国新闻公评人制度：新闻道德控制的幻象》，《新闻与传播评论》2004年第1期，第77~82、233、241页；刘学义：《大众媒介的自我检视——美、加等国新闻公评人制度探微》，《西南民族大学学报》（人文社会科学版）2010年第3期，第112~115页。

② PO-PON，"Instruction for the Press Ombudsman Office，" https://po.se/about-the-press-ombudsman-and-press-council/instruction-for-the-press-ombudsman-office/，最后访问日期：2020年12月15日。

③ Organization of News Ombudsmen and Standards Editors，"ONO Members around the world，" https://www.newsombudsmen.org/regular-members/，最后访问日期：2020年12月15日。

理来自读者的投诉。① 新闻公评人在处理读者投诉上有一套程序化的机制。第一步是对违反媒体标准的新闻内容的投诉进行筛选。新闻公评人只接收那些内容违背准确、保护隐私等伦理标准的投诉，不受理法律投诉、广告投诉、观点争议等类型的投诉，这划定了新闻公评人工作的边界。第二步是新闻公评人针对投诉展开调查。新闻公评人通过访谈记者、编辑及其他相关人员收集事实，评判被投诉的新闻内容是否违背了媒体标准。第三步是新闻公评人将调查结果告知公众，并在需要的时候登载更正和说明。如果读者对新闻公评人的调查结果不满意，还可以向媒体机构的审核小组、新闻评议会等组织提出上诉，申请审核。

除了处理读者投诉，新闻公评人还有另外两项职责。其一，撰写专栏，集中回应公众。专栏的内容包括讨论读者发来的重要投诉和评论、对事实性错误的更正、解释媒体的编辑方针和新闻生产的决策等。其二，评价本媒体机构编辑、记者的工作，以内部报告的形式提交媒体负责人。

（二）媒体变革时代下新闻公评人的争议与困境

20 世纪 60 年代以来，新闻媒体掀起了设立新闻公评人岗位、开展新闻自律的热潮。20 世纪末 21 世纪初，一些新闻媒体开始撤销新闻公评人岗位。之所以出现这样的变化，既与新闻公评人岗位设立以来受到公众质疑有关，也与报业发行量下滑、压缩经费开支有关。同时随着社交媒体的普及，新闻媒体认为社交媒体用户比新闻公评人监督媒体的效果更好，因而取消新闻公评人岗位，这给新闻公评人的生存带来新的困境。

1. 公众质疑：是独立的批评者还是媒体的公关手段

媒体设立新闻公评人是为了增强公众对媒体的信任，但在运作过程中公众对新闻公评人本身产生了质疑。

新闻公评人面临的质疑之一是其能否作为一个独立的批评者，其到底是站在读者的立场还是媒体机构的立场。公众之所以产生这样的质疑，一方面与一些新闻公评人受雇于媒体、薪酬由媒体发放有关。新闻公评人从

---

① 新闻公评人处理读者投诉的流程综合参考了瑞典新闻公评人、加拿大广播公司新闻公评人和英国《卫报》新闻公评人——读者编辑网站的相关介绍。参见 https://po.se/，http://www.ombudsman.cbc.radio‐canada.ca/，https://www.theguardian.com/info/2013/sep/23/guardian‐readers‐editor，最后访问日期：2020 年 12 月 16 日。

媒体机构收取薪酬，即与媒体机构之间形成了经济利益的联系，这样新闻公评人就难以对媒体机构进行彻底的批评。另一方面与一些媒体机构的新闻公评人是该媒体机构的职员或曾在该媒体工作有关，他们在能否基于读者立场进行批评方面受到怀疑。根据 ONO 官网上的陈述，大多数新闻公评人都是从他们所监督的报纸或广播公司的高级职员中挑选。[①] 如《华盛顿邮报》的第一任新闻公评人理查德·哈伍德（Richard Harwood）是该报的国内新闻编辑，之后的两任新闻公评人本·巴格迪肯（Ben Bagdikian）和罗伯特·梅纳德（Robert Maynard）也是来自报社内部。后来任命的新闻公评人萨姆·扎格利亚（Sam Zagoria）来自美国消费者产品安全委员会（Consumer Products Safety Commission），但他在加入联邦政府机构之前几十年曾是《华盛顿邮报》的记者。[②] 再如加拿大广播公司新闻公评人杰克·纳格勒（Jack Nagler）在被任命之前，曾在该公司的新闻公共责任与参与部担任新闻主任五年。[③] 新闻公评人曾在供职的媒体从事新闻工作，与其他记者、编辑是"熟人"关系，公众难免怀疑新闻公评人会被同事关系影响，难以成为对媒体展开真正批评的独立批评者。

新闻公评人面临的质疑之二是其发表的内容受到媒体把关，新闻公评人的权力受到制约。有的新闻公评人表示专栏内容在发布之前会交给主编检查，还有的新闻公评人因为总编不喜欢批评的立场，而不撰写或不发表批评报纸的言论。[④] 也有媒体声明保留拒绝刊登新闻公评人来信的权利。可见，编辑喜好、媒体机构的氛围影响着新闻公评人的专栏写作，新闻公评人的独立性面临挑战。此外，新闻公评人没有惩处记者和编辑的权力，这令公众质疑其发挥作用的程度。新闻公评人虽然可以针对读者投诉展开

[①] Organization of News Ombudsmen and Standards Editors，"About ONO，" https://www. newsombudsmen. org/about-ono/，最后访问日期：2020 年 12 月 20 日。

[②] Rick Kenney, & Kerem Ozkan, "The ethics examiner and media councils: Improving ombudsmanship and news councils for true citizen journalism," *Journal of Mass Media Ethics* 26 (2011): 38-55.

[③] CBC Ombudsman, "About Jack Nagler," http://www. ombudsman. cbc. radio-canada. ca/en/about/，最后访问日期：2020 年 12 月 15 日。

[④] Huub Evers, "The news ombudsman: Lightning rod or watchdog?" *Central European Journal of Communication* 5 (2012): 224-241.

调查，要求相关人员做出回复，并向媒体上层汇报读者投诉的调查结果，但对违背了职业伦理、工作出现失误的记者和编辑，新闻公评人并没有处罚乃至开除他们的权力。新闻公评人在媒体机构中的效力有限，难免令公众质疑其是媒体机构的"装饰品"。

新闻公评人面临的质疑之三是公众质疑新闻公评人在回复读者投诉时更多展现媒体的积极作为，对媒体的批评较少，更像在帮助媒体进行公关。有研究发现，新闻公评人较多地对记者进行批评，但很少对新闻组织进行批评，而且发布的内容侧重展现新闻组织已采取的积极措施。[①] 一些新闻公评人在网上回复读者投诉时会登载媒体管理层的回应，并将媒体机构的编辑标准作为依据，解释记者的行为没有违背本单位的准则，展现出记者遵循伦理规范的良好形象，这与公关从业者树立企业良好形象的工作不谋而合。

2. 技术冲击：社交媒体挑战了公评人原有机制及公评人信奉的规范

社交媒体的出现对新闻公评人存在的必要性造成冲击。这一冲击首先体现在新技术改变了公众的阅读习惯，使得报纸的读者流失。报纸不再是公众获取消息的主要来源，保留报纸的新闻公评人岗位显得不太必要。其次，社交媒体为公众提供了直接与媒体联系、监督媒体的新途径，无须新闻公评人作为读者的代表对媒体进行监督，这也成为一部分媒体取消新闻公评人岗位的原因。2017 年 5 月 31 日，《纽约时报》宣布取消公共编辑岗位，出版商小阿瑟·苏兹贝格（Arthur Sulzberger Jr.）在备忘录中说道："我们在社交媒体上的粉丝和网络上的读者可以共同作为现代化的监督者，比一个人更加机警、力量更大。"[②] 为此，苏兹贝格表示将拓展《纽约时报》的评论平台，并开放大部分文章的评论功能，为读者和《纽约时报》建立起沟通的桥梁。同样地，娱乐体育节目电视网（Entertainment

---

① James S. Ettema, & Theodore L. Glasser, "Public accountability or public relations? Newspaper ombudsmen define their role," *Journalism & Mass Communication Quarterly* 64 (1987): 3-12.

② Laura Hazard Owen, "*The New York Times* is eliminating the position of public editor: here's the Sulzberger memo," http://www.niemanlab.org/2017/05/the-new-york-times-is-eliminating-the-position-of-public-editor-heres-the-sulzberger-memo/，最后访问日期：2018 年 5 月 31 日。

and Sports Programming Network）取消新闻公评人岗位的原因是他们认为互联网和社交平台打造了一大批监督者，人们可以直接向媒体提出问题和看法。①

新媒体技术下的新闻伦理评判标准需要改变，但不少媒体的新闻公评人仍将传统媒体伦理标准作为评判依据，显得不合时宜。媒体机构都会选择具有丰富从业经历的媒体人作为新闻公评人，即艾特玛（Ettema）和格拉瑟（Glasser）所说的该领域的"老手"②。琼斯（Jones）认为，这样带来的问题是新闻公评人会将旧的媒体规范应用到今天的新闻业中。③ 新闻公评人遵循的是基于传统媒体新闻实践的伦理准则，这些准则未必完全适用于当前基于互联网数字技术的新闻传播活动。新闻公评人评判新闻报道的标准面临挑战。

3. 生存困境：同事关系紧张与媒体机构经费有限

除了公众、技术等外部因素，新闻媒体机构内部的氛围影响着新闻公评人的运作。新闻公评人面临的一个内部困境是可能引起同行的不满和遭到孤立，从而影响新闻公评人的调查工作和同事关系等。新闻公评人与记者、编辑属于监督和被监督的关系。新闻公评人是记者、编辑的监督者，评估新闻报道是否符合准确、平衡、有人情味、公平等职业伦理标准，定期向媒体高层汇报读者投诉的调查结果和新闻报道的质量，提出改进新闻实践的建议。可以说，新闻公评人介入并公开了新闻从业者的职业活动。对于那些被指控违背新闻职业伦理的记者来说，新闻公评人的工作可能会影响到他们的职业生涯，因此他们会对新闻公评人产生排斥、怨恨的情绪，甚至"认为他们是告密者"。④ 这对于媒体内部维持和谐融洽的同事

---

① Chris Elliott, "In defence of the public editor," https://ethicaljournalismnetwork.org/defence-the-public-editor, 最后访问日期：2019 年 5 月 18 日。

② James S. Ettema, & Theodore L. Glasser, "Public accountability or public relations? Newspaper ombudsmen define their role," *Journalism & Mass Communication Quarterly* 64（1987）：3-12.

③ Sarah Jones, "*The New York Times* needs a public editor," https://newrepublic.com/minutes/142974/new-york-times-needs-public-editor, 最后访问日期：2019 年 5 月 31 日。

④ Louis Alvin Day, *Ethics in Media Communications: Cases and Controversies*（Cambridge: Wadsworth Publishing, 2005）.

关系是不利的。从理念的角度看，新闻公评人与记者、编辑关系的紧张，反映出社会责任（公评人制度）与自由主义（编辑独立性）之间的冲突。记者、编辑在新闻采写、编辑的过程中，依据自己的职业伦理观和工作经验，自主决定新闻的信息采集和报道写作。作为媒体承担社会责任、回应公众关切的代言人，新闻公评人针对读者投诉提出补救措施，纠正记者、编辑的新闻实践活动，这在一定程度上威胁了记者、编辑的职业权威和管辖权。

另外，媒体经济状况不佳，威胁到新闻公评人的生存。媒体因为经济压力不得不削减成本，裁员便成为压缩经费开支的一个办法。在经费有限的情况下，新闻公评人容易成为最先被媒体撤销的岗位。部分新闻公评人的反对者所持的观点便是"新闻公评人的成本过于昂贵，紧张的新闻经费花在记者和编辑身上更好"。[①] 由于报纸经济状况不佳而取消新闻公评人职位的情况，在美国、荷兰（尤其是地方报纸）均有发生。[②]

（三）新闻公评人是媒体重塑信任与新闻专业正当性的良器

虽然新闻公评人制度在实践过程中面临着公众质疑、社交媒体冲击和生存困境，但不能因此而忽视其存在的重要价值。新闻公评人通过调查读者投诉、解释媒体实践，搭建起新闻媒体—记者/编辑—公众沟通的桥梁，使新闻媒体意识到自己的社会责任，令参与媒体实践的三方主体从中获益。

1. 缓解新闻媒体机构的信任与生存危机

媒体通过设立新闻公评人岗位，试图在公众面前树立起承担社会责任、重视读者反馈的形象，以此挽回公众对该媒体的信任。具体而言，新闻公评人在以下三个方面起到了缓解公众对新闻媒体信任危机的积极作用。第一，新闻公评人接受读者关于新闻报道违背准确、平衡、公正等伦理标准的投诉，对事实性错误、语言和拼写等错误进行更正，提出相应的补救措施，客观上使报道更加准确和公正，树立起媒体注重新闻报道品

---

① Christopher Meyers, "Creating an effective newspaper ombudsman position," *Journal of Mass Media Ethics* 5 (2000): 248-256.

② 单波、陈俊妮：《美国新闻公评人制度：新闻道德控制的幻象》，《新闻与传播评论》2004 年第 1 期，第 77~82、233、241 页；Huub Evers, "The news ombudsman: Lightning rod or watchdog?" *Central European Journal of Communication* 5 (2012): 224-241.

质、践行传播事实的社会责任形象。第二，新闻公评人向公众解释信息的采集过程，媒体的编辑方针、决策依据，实际上打开了新闻生产的"黑箱"。新闻公评人表明了公开新闻制作过程的态度，有助于提升公众对媒体的信任度。如研究者发现报纸设有公评人处理读者投诉和争论，对公众认知报纸的质量和可信性有积极影响。[①] 第三，新闻公评人重视读者反馈，提升了媒体在公众中的形象。研究表明，与公评人联系并对回复感到满意的读者，对报纸的认知比那些没有联系公评人的读者更加积极。[②] 新闻公评人在媒体上发布更正与说明，这种承认错误、主动更正的行为增加了公众对媒体的好感，使公众感受到媒体对自己的重视，有利于提升媒体在公众心目中的形象。

新闻公评人可以缓解媒体机构生存危机，主要体现为减少法律诉讼，避免更大的诉讼开销。新闻公评人向公众提供了申诉的渠道，倾听读者投诉、对错误进行更正，满足读者需求，可以"避免读者向报业评议会和法院起诉"。[③] 新闻公评人"将某些可能导致法律诉讼的严重投诉解决于萌芽之中，节约诉讼成本"，[④] 避免媒体支付更大的诉讼开销，这对媒体经营而言无疑是有益的。

2. 强化新闻从业者的伦理意识，优化职业分工

设立新闻公评人岗位有助于强化记者的职业伦理意识、改进新闻实践。新闻公评人对新闻报道的准确性、公正性、平衡性等方面进行评估，体现出本机构对这些伦理准则的认可，这反过来强化了记者和编辑的新闻伦理意识，有利于提高新闻报道的质量。有研究显示，媒体编辑认为新闻公评人在一定程度上使记者和编辑更重视报道的公平和准确。[⑤] 设立新闻

① B. W. McKinzie, "How papers with and without ombudsmen resolve disputes," *Newspaper Research Journal* 15 (1994): 14-24.

② Barbara W. Hartung, Alfred JaCoby, & David M. Dozier, "Readers' perceptions of purpose of newspaper ombudsman program," *Journalism Quarterly* 65 (1988): 914-919.

③ Huub Evers, "The news ombudsman: Lightning rod or watchdog?" *Central European Journal of Communication* 5 (2012): 224-241.

④ 刘义义：《大众媒介的自我检视——美、加等国新闻公评人制度探微》，《西南民族大学学报》（人文社会科学版）2010 年第 3 期，第 112~115 页。

⑤ Kenneth Starck, & Julie Eisele, "Newspaper ombudsmanship as viewed by ombudsmen and their editors," *Newspaper Research Journal* 20 (1999): 37-49.

公评人岗位还能优化新闻机构内部新闻从业者的分工合作，将原本需要编辑和记者各自应对的读者投诉、质疑，统一由新闻公评人进行处理，节省了编辑和记者的时间。

3. 向公众提供反馈渠道，增进对新闻业的认识

新闻公评人为公众提供了表达意见、维护自身利益的渠道。在设立新闻公评人岗位之前，公众通过写读者来信等方式表达对新闻媒体的意见，但不是所有的来信都会收到媒体的回复，不少信件往往被束之高阁，媒体和公众之间的沟通并不畅通。当媒体设立了新闻公评人之后，只要读者投诉的内容属于新闻公评人的管辖范围，那么新闻公评人就要在申诉程序规定的时间期限内给予读者答复，[①] 读者还可以对新闻公评人的回复进行再次评论。如果读者对新闻公评人的处理结果不满，还可以申请审核或上诉。新闻公评人的设立，为公众搭建了一个有效的表达渠道，规范的申诉程序为维护公众自身利益提供了保障。

新闻公评人的实践还有助于提升新闻机构的透明度，增加公众对新闻工作的了解。新闻采集与制作被职业新闻从业者垄断，新闻机构内部和新闻生产过程不向公众公开，这些原本属于公众无法了解的"后台"使新闻内容乃至新闻机构时常会遭受怀疑。新闻公评人在答复投诉时，介绍新闻采集和制作过程，解释新闻业的理念、职责和规范，揭开了笼罩在新闻业上的神秘面纱，增进了公众对新闻行业的了解。

（四）社交媒体环境下新闻公评人的发展路径与启示

作为媒体系统内部的修正机制，新闻公评人在媒体面临信任危机时起到了重塑媒体形象、重建公众信任、增强从业者职业伦理意识、加强媒体与公众沟通的作用。社交媒体的出现确实对保留新闻公评人岗位的必要性形成威胁，但也要看到社交媒体用户取代新闻公评人从事媒体批评的现实局限性。一些媒体已经从聘任、薪酬发放等方面采取措施，并借助新媒体技术完善新闻公评人的运作方式，这为新闻公评人的未来发展以及我国新闻业的自律提供了启示。

---

① 有的媒体会在读者投诉处理程序中注明，如果读者的投诉与之前其他人的投诉属于同一类，新闻公评人可能不会再回复新的投诉。

1. 多种手段确保新闻公评人的独立性

面对独立性缺失的争议，媒体已经从聘任对象、聘任方式、薪酬发放、办公地址等方面采取了措施来确保新闻公评人的独立性。在聘任对象方面，媒体选择曾在其他行业、其他媒体任职的从业者担任新闻公评人。如《卫报》曾聘任律师为新闻公评人，《华盛顿邮报》曾聘任前美国国务院新闻发言人为新闻公评人，在其他媒体单位工作过的经验丰富的记者也会成为聘任对象。在聘任方式方面，新闻公评人不由媒体直接任命，而是通过有媒体、公众代表参与的委员会来聘任。如加拿大广播公司的新闻公评人由有公众参与的遴选委员会选拔。① 在薪酬发放方面，新闻公评人的工作薪酬由媒体划拨经费成立的基金会支付，基金会由聘任委员会管理。如瑞典新闻公评人的薪酬由新闻公评人基金会资助。② 在聘期方面，新闻公评人的工作聘期有年限限制，保证公评人在职期间不被媒体随意解雇。在办公地点方面，新闻公评人有单独的办公室，如荷兰的新闻公评人在新闻编辑室之外的地点办公。③ 另外，新闻公评人直接向媒体机构的高层汇报工作，可以避免新闻编辑室成员的干预。

未来，关于确保新闻公评人独立性可采取的方法还包括任命更多类型的、理解新闻业规范的"局外人"，如较早退休的记者，受过新闻教育、在大学学习新闻并在校园媒体工作的人，伦理家以及文化人类学家。④ 这些人对新闻编辑室的运作有所观察，对新闻业、新闻伦理有所理解，同时以局外人的眼光进行媒介批评，这样可以保障新闻公评人的独立性和专业性。除此之外，还可以采取新闻公评人与新闻机构保持一定距离、谋求与新闻评议会合作、以兼职的方式从事公评人工作等措施。如肯尼（Kenny）

---

① CBC Ombudsman, "Mandate," http: //www. ombudsman. cbc. radio - canada. ca/en/about/mandate/.

② PO-PON, "Instruction for the press ombudsman office," https: //po. se/about - the - press - ombudsman-and-press-council/instruction-for-the-press-ombudsman-office/, 最后访问日期：2019 年 12 月 18 日。

③ Arjen van Dalen, & Mark Deuze, "Readers 'advocates or newspapers' ambassadors? Newspaper ombudsmen in the Netherlands," *European Journal of Communication* 21 (2006)：457 - 475.

④ Christopher Meyers, "Creating an effective newspaper ombudsman position," *Journal of Mass Media Ethics* 5 (2000)：248 - 256.

和奥兹坎（Ozkan）提出了新闻公评人与媒体评议会的协作模型，由媒体评议会接收公众投诉，并将投诉转交给新闻公评人进行调查；媒体评议会接受社会捐赠，并将其用来支付新闻公评人的薪水。[①] 这样可确保新闻公评人在运作上和经济上不受媒体机构的影响。此外，迈尔斯（Meyers）提议新闻公评人最好有保证稳定收入的其他工作，在工作之余兼职担任新闻公评人，这将实现新闻公评人做出有效批评所需的独立性。[②]

2. 借助新媒体技术实现新闻公评人工作的数字化转型

在社交媒体时代，新闻公评人面临是否应该被取消的争议，争议点在于新闻公评人能否被社交媒体的用户取代。虽然新媒体技术为公众监督媒体、与媒体直接联系提供了便捷、低成本的渠道，但社交媒体用户要真正起到新闻公评人的作用，还面临着现实困境。其一，社交媒体用户无法要求记者或管理层必须回答自己提出的问题，更不可能等在新闻办公室门口要求他们答复。[③] 其二，用户在社交媒体平台上发布针对新闻报道的批评性评论，然而这并不意味着这些用户的评论都是有质量的，特别是当公众被非理性情绪主导时发表的评论。[④] 社交媒体用户的评论在多大程度上可以真正发挥监督媒体、完善新闻实践的作用是存疑的。其三，媒体可能通过删除评论等方式来控制用户发表在社交媒体上的批评，不是所有的批评都会被媒体高层看到。相比之下，新闻公评人可以做到社交媒体用户不太可能做到的一些事情，如向媒体高层汇报读者投诉，并要求当事部门给予回应。从这些方面看，新闻公评人仍有一定积极作用。

从媒体实践来看，新媒体技术与新闻公评人的工作相结合反而促成了新闻公评人的转型，为新闻公评人提供了新的发展路径。如《卫报》、加

---

① Rick Kenney, & Kerem Ozkan, "The ethics examiner and media councils: Improving ombudsmanship and news councils for true citizen journalism," *Journal of Mass Media Ethics* 26 (2011): 38-55.

② Christopher Meyers, "Creating an effective newspaper ombudsman position," *Journal of Mass Media Ethics* 5 (2000): 248-256.

③ Michael Calderone, "*The New York Times* is eliminating the public editor role," https://www.huffingtonpost.com/entry/new-york-times-public-editor_us_592ec472e4b0e95ac1956706? 4r9, 最后访问日期: 2017 年 5 月 31 日。

④ T. Franklin Waddell, "The Authentic (and angry) audience: How comment authenticity and sentiment impact news evaluation," *Digital Journalism* 8 (2020): 249-266.

拿大广播公司等媒体的新闻公评人，通过网站接受读者投诉、发布回应，实现了新闻公评人工作的数字化；网站上还发布了新闻公评人受理投诉的范围、评判新闻报道的标准（如新闻媒体的职业规范），这些举措有利于新闻公评人与新闻业实践更加开放和透明。在社交媒体时代，新闻公评人同样可以将接受读者投诉、公布调查结果、进行更正解释、撰写专栏的工作扩展到社交媒体平台。如《卫报》在 Twitter 上开设有新闻公评人的官方账户，新闻公评人在账户上发布更正说明的专栏内容、转发新闻伦理的文章，与其他 Twitter 用户进行互动。

3. 新闻公评人制度对我国媒体自律的启示

我国设立了类似于新闻公评人的制度。新疆经济报系旗下的子报《都市消费晨报》在 1999 年建立了新闻督察制度，督察内容涵盖新闻、广告、发行、投诉审核、期刊报纸纠错等。[1]《新疆日报》在 2004 年设立新闻督察员，听取读者批评建议、开设专线专栏向读者做出答复。[2] 如今我国新闻业面临着新技术的冲击，加之新闻生产的周期缩短，新闻报道出错、失范的可能性增大。在此背景下，国外新闻公评人的实践经验为我国新闻媒体完善自律机制带来了启示。

其一，顺应新媒体技术带来的新闻生产与传播方式变革，借助新媒体实现新闻自律的数字化转型。如今新闻信息的收集、处理和发布速度增快，新闻报道出现错误的频率增加，媒体对新闻报道质量进行监督与纠错的方式也应有所改变。国外新闻机构将新闻公评人的工作扩展到网站、博客、社交媒体，启示我们可以借助新媒体实现新闻自律运作的数字化，创新工作形式与手段，增强新闻自律工作的传播力和影响力。例如可以在媒体的网站、微信公众号上设立专门的更正与说明栏目，及时更正新闻报道中的错误，解释具体新闻实践的依据，顺应公众数字化阅读的习惯。

其二，系统建设媒体自律体系，部署新闻自律矩阵。国外新闻媒体的新闻自律实践经历了从成立新闻评议会、制定伦理规范、开展媒介批评到

---

① 薛建文：《新闻督察制度建设的实践与思考》，《中国报业》2009 年第 3 期，第 30~43 页。
② 裴英明：《加大监督力度 自律他律结合 维护党报形象——新疆日报社在"三项学习教育"活动中完善新闻督察专员制度》，《新疆新闻出版》2004 年第 6 期，第 24~26 页。

设立新闻公评人的过程，涵盖了伯特兰（Bertrand）归纳的三类媒体问责制度：书面、广播和在线文件（如伦理规范、内部备忘录、批评性博客）；个人、团体和机构（如新闻公评人、读者小组、道德委员会）；过程（如伦理课程、继续教育、错误数据库）。① 这启发我们应当对新闻媒体的自律体系进行系统性的建设，统筹部署不同形式的自律实践，形成新闻自律矩阵。例如制定并向社会公示本机构的编辑指南或伦理规范；推动新闻自律工作的职业化与专业化，构建媒体内部驱动与公众外部监督的新闻伦理治理模式；定期组织在职记者、编辑参与职业伦理培训。多种措施并举，改进新闻实践，提升媒体公信力，激发新闻自律的效能。

结　语

《纽约时报》取消新闻公评人岗位，引发了国外新闻业界和学界对社交媒体时代是否应该取消新闻公评人这一话题的讨论。实际上，新闻公评人这一形式无论取消还是保留，媒体保持与读者沟通、接受读者问责的理念仍以不同方式得以延续。取消新闻公评人的《纽约时报》直接受社交媒体用户的监督和问责，在某种程度上使用户扮演着对新闻内容进行建设性批评的角色；保留新闻公评人的《卫报》、加拿大广播公司借助网站和社交媒体接收、反馈用户的质疑，完成新闻公评人的数字化实践。不同媒体的不同抉择背后是对践行新闻伦理、重塑公信力的一致追求。

实际上，新闻公评人可以被视为一个历史概念，它的出现与特定的社会环境有关，并在一定时期内发挥积极作用。新闻公评人让我们意识到新闻业的目标不仅应该是传播内容，还应该是促进社会的对话；媒体应当走出以自我为中心的误区，对自我进行反思。要达成这样的目标，离不开媒体问责机制的引导。但正如尼尔·尼曼斯（Neil Nemeth）所说："没有任何一种媒体问责手段——政府对新闻内容的管制、诽谤和隐私诉讼、媒介

---

① Claude-Jean Bertrand, *Media Ethics and Accountability Systems* (Presses Universitaires de France, 1997).

批评、新闻教育、强制性伦理规范、媒介评议会——是完美的。"① 新闻公评人也不例外。当经济、技术等社会环境发生变化，新闻公评人的实践方式也应随之改变。正如帕特里克·费鲁奇（Patrick Ferrucci）所说，"公评人不是一个静态的职位，而是一个多年来持续被形塑、改变和具体化的角色。"② 社交媒体的出现一方面对新闻公评人岗位构成威胁，但另一方面也成为形塑新闻公评人工作方式、推动新闻公评人转型的力量。无论报纸媒体设立的新闻公评人，还是网站、社交媒体平台上的新闻公评人，不过是媒体在不同发展时期进行自律的不同实践形式，背后贯穿的是媒体对公众负责、新闻生产透明的理念。

新闻公评人的实践过程，可以被看作完善媒体自律机制的过程。新闻自律从来不是他人之事，"如果新闻业试图重建公众信任，如果它希望避免目前其他社会机构面临的更大外部监管，它就必须发展更可信的自我监督"。③ 便捷的媒体技术和公众监督只是外部的辅助，真正需要在复杂多变的环境中付出自律努力的是新闻业自身。

---

① Neil Nemeth, "A news ombudsman as an agent of accountability," in D. Pritchard, eds., *Holding the Media Accountable: Citizens, Ethics, and the Law* (Indiana University Press, 2000), p. 64.

② Patrick Ferrucci, "The end of ombudsmen? 21st century journalism and reader representatives," *Journalism & Mass Communication Quarterly* 96 (2018): 288-307.

③ Christopher Meyers, "Creating an effective newspaper ombudsman position," *Journal of Mass Media Ethics* 5 (2000): 248-256.

短视频创作者的传播伦理风险与原则建构

在短视频平台上，山东临沂费县的一名"拉面哥"因一碗拉面只卖3块钱、15年间没有涨价的短视频走红。"拉面哥"因其淳朴、憨厚、自食其力的品质受到网友的喜爱，相关短视频在网上的播放量超过两亿次。[①]一时之间，"拉面哥"成为大家关注的焦点人物，吸引着众多媒体争相前往他的家乡进行采访、报道，其中包括短视频平台的创作者。然而事情的后续发展却偏离了正常的轨道。众多网络主播聚集在"拉面哥"家门口不分昼夜进行直播，甚至有的人直接闯进"拉面哥"的家中进行拍摄，[②]影响了"拉面哥"的正常生活和工作。原本是展现"拉面哥"吃苦耐劳、善良质朴品质的传播事件，发展成一场短视频创作者消费"拉面哥"的狂欢。

（一）"拉面哥"事件中短视频创作者行为的不正当性分析

短视频创作者围观、消费"拉面哥"，对"拉面哥"的生活、工作和心理均造成不良影响。在这个过程中，短视频创作者的传播伦理问题值得反思。下文结合义务论、绝对律令和中庸之道原则对"拉面哥"事件中短视频创作者行为的不正当性进行分析。

1. 基于义务论视角的分析：窥私行为的不正当性

道德理论的主要流派义务论强调一个行为的对错取决于行为本身所具有的性质和特点。[③]换言之，行为的道德价值不在于它所带来的后果，而在于行为本身和动机。从义务论的视角来看，短视频创作者未经同意进入他人的私人空间进行直播的行为是对他人隐私的侵犯。隐私是自然人的私人生活安宁和不愿为他人知晓的私密空间、私密活动、私密信息。[④] 窥探

---

① 高伊琛：《消费"拉面哥"：被流量选中的山东小村》，南方周末，https://mp. weixin. qq. com/s/JPoGLqdi93kMLu_7SqKnzw，最后访问日期：2021年3月19日。
② 《保护拉面哥！》，澎湃新闻，https://www.thepaper.cn/newsDetail_forward_11587971，最后访问日期：2021年3月8日。
③ 林火旺：《伦理学入门》，上海古籍出版社，2005，第43页。
④ 《中华人民共和国民法典》，http://www.npc.gov.cn/npc/c30834/202006/75ba6483b8344591abd07917e1d25cc8. shtml，最后访问日期：2020年6月2日。

他人隐私是不具有道德价值的行为。短视频创作者聚集在"拉面哥"家门口进行直播，拍摄"拉面哥"及其家人的居住环境，甚至未经明确同意闯进"拉面哥"的住宅进行拍摄，该行为的性质是窥私，是对他人私密空间的公然入侵，也不符合尊重他人权利的伦理规范。短视频创作者的行为违背了尊重他人隐私的公共道德，不具有道德上的正当性。

2. 基于绝对律令的分析：把人当作手段而非目的

康德的绝对律令有如下表述：每个有理性的存在者都必须服从这样的法则，不论是谁在任何时候都不应把自己和他人仅仅当作工具，而应该永远明白他们自身就是目的。① 所有人都必须被视为独特的个体，决不应被用来为实现别人的目标或目的服务。短视频创作者在平台上或注册账户冒充"拉面哥"，或借助"拉面哥"影像的影响力以获得关注度、增加粉丝数量、增加打赏收入和进行直播带货，这一系列行为反映出短视频创作者实际上把"拉面哥"当作提升知名度、换取经济利益的手段和工具，而没有把人本身当作目的。这一行为也遭到自媒体平台的管制。短视频平台抖音于 2021 年 2 月 28 日发布公告，坚决反对用户蹭热度、恶意炒作，对热点当事人过度消费等行为，尤其是刻意利用其流量谋利的行为，并呼吁广大用户在记录美好生活的同时，尊重本人意愿，不因追求一时热度对社会热点事件中的当事人过度围观和消费。② 一些短视频创作者没有给予"拉面哥"作为一个理性主体应有的尊严和尊重，忽视他的感受、利益和需要，过于追求经济利益等外在价值，把消费"拉面哥"当作达成个人目的的手段，这种行为不具有道德正当性。

3. 基于中庸之道原则的分析：过度打扰违背适度原则

亚里士多德认为，人的欲望、情感和行为都有过度、不及和适度三种状态，"过与不及均败坏德性"。③ 这便是中庸之道的伦理原则。在"拉面哥"事件中，短视频创作者从早上六点多到凌晨一两点在"拉面哥"的

---

① 龚群、陈真：《当代西方伦理思想研究》，北京大学出版社，2013，第 253 页。
② 《打击恶意蹭热点、过度消费当事人行为》，光明网，https://m.gmw.cn/baijia/2021-03/02/34654594.html，最后访问日期：2021 年 3 月 2 日。
③ 唐凯麟主编《西方伦理学经典命题》，江西人民出版社，2009，第 40 页。

家门口进行直播，表演口技、写书法、唱歌等，① 这种长时间、高强度的直播活动是一种过度打扰他人的行为。首先，短视频创作者的行为影响了"拉面哥"的正常生活和工作。嘈杂的环境、众人的围观导致"拉面哥"不能在家休息，也不能去集市摆摊。其次，短视频创作者使"拉面哥"长期处在手机摄像机的监视之下，这超出了普通人所能承受的限度。"拉面哥"因为这样的围观而哭泣，称自己一时适应不了，心理压力太大，太累了，并表示不想被打扰，希望尽快回到正常生活。② 短视频创作者被非理性的欲望和情感主导，一味追求流量和热度，没有在呈现他人生活和不过度打扰之间找到平衡点，给当事人带来极大的伤害，这种极端行为违背了中庸之道的原则。

（二）短视频创作者传播他人信息的伦理原则

"拉面哥"事件中短视频创作者的不正当行为，促使我们反思当普通人无意间受到大众关注并被社交媒体持续曝光，个人正常生活、工作乃至精神状况受到影响时，作为传播者的短视频创作者应当遵循怎样的传播伦理，肩负怎样的传播责任等问题。短视频创作者在传播他人信息时应当遵循知情同意原则、不侵犯隐私原则和避免伤害原则。

1. 知情同意原则

知情同意是生命伦理学的基本原则，它确保病人和研究参与者不受欺骗和侵害。遵循知情同意原则就是尊重人的知情权和自主性，这意味着双方处于平等的地位。这一原则也适用于规范短视频创作者的传播行为。当短视频创作者在拍摄他人时，具有告知他人的义务，被拍摄者享有知情的权利。面对"拉面哥"这样的非自愿型公众人物，或者不了解网络直播潜在后果和风险的普通人，短视频创作者应当告知其拍摄的内容、性质、用途以及可能的后果，确保对方清楚地知道拍摄可能带来的收益与风险。

在告知相关情况的基础上征求对方同意，是尊重他人的主体性和自主性，在征得对方同意后，短视频创作者才可以拍摄，不能欺瞒、哄骗对

---

① 高伊琛、刘欣昊：《消费"拉面哥"：被流量选中的山东小村》，《南方周末》2021年3月18日。

② 牛其昌：《特写｜"拉面哥"遭遇拉锯战：蹭流量的越来越多，但平台不干了》，腾讯网，https://new.qq.com/rain/a/20210322A054ET00，最后访问日期：2021年3月22日。

方，强行拍摄。如果对方不愿意接受拍摄，短视频创作者应当尊重对方的意愿，停止拍摄行为。这一原则在一些自媒体平台的管理规定中有所体现，如《斗鱼直播内容管理规定》要求主播在进行采访、拍摄活动时，应告知参与者正在进行斗鱼的直播，若被拍摄者拒绝进行，应立即停止该行为。①

2. 不侵犯隐私原则

如果人们将隐私看作一种内在价值，那么，这样的价值观念就会转化为尊重信息隐私的义务。② 尊重他人隐私意味着尊重他人的私密信息、私密空间，不干扰他人与公共利益无关、不愿公开的活动和生活。尊重他人隐私可以被视为对他人人格、尊严的尊重。短视频创作者应树立不侵犯他人隐私的意识，未经他人同意，不得制作、复制、发布、传播涉及他人隐私、个人信息或资料的信息，不得跟踪、监视他人，不得侵入他人生活区域。这既是对他人享有的自然权利的尊重，也是以人为本、以人为目的的体现。

3. 避免伤害原则

避免伤害应是自媒体传播伦理的底线原则，是短视频创作者在传播过程中对他人的基本道德义务，也是人道主义原则。一般而言，随着镜头的逼视，个人的言行与生活被曝光在大众视野中，这往往超过了普通人可以承受的范围，会给当事人带来巨大的心理压力。短视频创作者近距离的拍摄在某种程度上是一种对当事人实施的镜头暴力行为，这与避免伤害他人的原则相违背。在伦理学看来，对个体的保护应置于道德上优先的地位。正如美国伦理学家伯约德·格特（Bernard Gert）认为，道德的目的在于保护人免受侵害。③ 短视频创作者在对普通人或非自愿型公众人物进行直播时，拍摄者和被拍摄者在权力、地位上并不平等，拍摄者的镜头会给被

① 《斗鱼直播内容管理规定》，https://www.douyu.com/cms/ptgz/202008/06/16147.shtml，最后访问日期：2020年8月6日。
② 吕耀怀：《隐私的伦理辩护：西方的视角与中国伦理学可能的选择》，《哲学动态》2007年第1期，第67页。
③ 甘绍平：《人权伦理学》，中国发展出版社，2009，第129~130页。

拍摄者带来压迫感,[①] 所以,在获得拍摄许可的情况下,短视频创作者应注意拍摄的距离和时间,避免对当事人的生活、工作和心理造成伤害。此外,短视频创作者在拍摄过程中应避免对周围居民、社会秩序造成伤害,包括影响他人出行、作息等。

结　语

　　"拉面哥被过度消费"事件引发的围观、直播热潮,最后因自媒体平台采取查封账号、下架相关视频等措施而得到平息。自媒体平台依据相关法律法规、伦理规范肩负起治理传播乱象、保护事件当事人的职责固然重要,但不能因此忽视作为传播者的短视频创作者的伦理责任。"拉面哥"事件带来的启示是,短视频创作者的手机镜头意味着凝视的权力,这会使他人感到不适,过度的围观可能会给他人生活带来负面影响。不是每个人都愿意曝光在镜头之下,更不是每个人都愿意个人生活受到过度消费。短视频创作者在拍摄、传播普通人的生活时,不应以行使传播、表达的权利之名,使他人受到伤害、遭受不公正待遇,而应当自觉树立适度和尊重的意识,将知情同意原则、不侵犯隐私原则和避免伤害原则作为最低伦理准绳,在正确行使传播权利的同时减少传播行为对他人带来的伤害。虽然"拉面哥被过度消费"事件已经落幕,但由此引发的短视频创作者在传播过程中应当遵循怎样的伦理原则、肩负何种责任的问题仍值得继续追问和反思。

---

　　① 李莉:《论摄影机镜头的"暴力"》,《中国广播电视学刊》2006年第3期,第70页。

新闻工作者使用社交媒体的伦理规范探讨

社交媒体由于其开放性、多元性和互动性成为当下重要的参与性媒介平台，对于新闻工作者而言，社交媒体已成为其获取信源、感知舆论和传播新闻的强大工具。① 但新闻工作者在使用社交媒体过程中仍存在一些问题，如公众往往将记者的个人社交媒体视为其工作的专业媒体平台的延伸，这将影响其工作媒体的声誉。此类事件国内外都有发生，如国内央视某主播曾在微博上发表"有人用破皮鞋做成明胶，将其加进果冻和酸奶"的信息，民众认为此言论是已被证实的新闻事件，因而该言论引起了社会恐慌。② 在国外，美联社一名摄影记者在"占领华尔街"运动中被捕，内部员工在得知消息后将信息发布在社交网站上，引起广泛热议，致使美联社重申规定："有新闻价值的信息首先提交美联社，不允许自行在社交媒体上发布。"③

更多研究表明，新闻工作者在社交媒体使用中感到焦虑，因为他们在公众知情权与媒体机构利益、个人表达权利和职业伦理要求之间面临两难选择。④ 越来越多的新闻工作者在使用社交媒体时，选择模糊处理社交媒体中的个人身份和职业身份。⑤ 他们尝试在利用社交媒体进行信息收集、意见表达、听取反馈等新闻生产活动的同时，找到个人表达的内容空间。⑥ 在使用社交媒体时，新闻工作者正在努力平衡个人身份和职业身份

---

① A. Hermida, et al., "Share, Like, Recommend: Decoding the social media news consumer," *Journalism Studies* 13 (2012): 815-824.

② 《记者爆老酸奶果冻中添加破皮鞋熬成的工业明胶》，搜狐网，http://news.sohu.com/20120409/n340101787.shtml，最后访问日期：2012年4月9日。

③ 文建：《美联社"推特事件"说明了什么——看国外新闻机构如何规范员工使用社会化媒体》，《中国记者》2012年第1期，第24~25页。

④ 纪莉、张盼：《论记者在微博上的媒介使用行为及其新闻伦理争议》，《武汉大学学报》（人文科学版）2012年第3期，第117~121页。

⑤ Avery E Holton, & Logan Molyneux, "Identity lost? The personal impact of brand journalism," *Journalism* 18 (2015): 195-210.

⑥ E. J. Lee, & E. C. Tandoc, "When news meets the audience: How audience Feedback online affects news production and consumption," *Human Communication Research* 43 (2017): 436-449.

之间的冲突。新闻工作者所属的媒体机构一般也有两种复杂态度：一方面，他们希望新闻工作者积极使用社交媒体，从而增加媒体机构的知名度，并希望通过其个人社交媒体促使公众更多地参与新闻活动；[①] 另一方面，他们也警惕潜在的危险，例如担忧新闻工作者在个人社交媒体账号上过早地发布新闻，以及担忧他们过度披露个人信息对新闻工作者职业形象的潜在影响等。[②]

在媒体平台丛生的年代，新闻工作者应如何规范使用社交媒体？新闻传统如何与新兴技术和谐共处？这是很多媒体机构关注的问题。为了更好地帮助新闻工作者开展实践工作，本研究将目光投向国际上知名的媒体机构，整理分析其出台的伦理规范文本，并尝试回答以下两个研究问题：其一，国际媒体机构对新闻工作者社交媒体使用规范的主要关注点是什么；其二，对互联网时代下新闻工作者社交媒体使用的伦理规范有哪些建议。

（一）新闻工作者社交媒体使用的伦理原则

本研究抽取了国际社会上涉及新闻工作者社交媒体使用伦理规范的8家媒体机构作为分析对象，分别为：澳大利亚广播公司（ABC）、英国广播公司（BBC）、路透社（Reuters）、加拿大广播公司（CBC）、《纽约时报》（*The New York Times*）、《华盛顿邮报》（*The Washington Post*）、美国国家公共电台（NPR）和《洛杉矶时报》（*The Los Angeles Times*）。通过对8家媒体机构24篇伦理规范的分析发现，新闻工作者使用社交媒体的伦理原则主要有四个方面。[③]

1. 新闻工作者的个人社交媒体使用不应损害专业媒体声誉

社交媒体模糊了新闻工作者个人意见表达与职业工作领域的边界。研究表明，新闻工作者的社交媒体活动影响受众对记者本人的看法，从而影

---

① Gleason Stephanie, "Harnessing social media: News outlets are assigning staffers to focus on networking," *American Journalism Review* 32 (2010): 6-7.

② Michael Opgenhaffen, & Harald Scheerlinck, "Social media guidelines for journalists: An investigation into the sense and nonsense among Flemish journalists," *Journalism Practice* 8 (2014): 726-741.

③ 文中提及的媒体机构发布的伦理规范，均来自媒体机构网站。基于篇幅原因，只在媒体伦理规范条文第一次在文章中出现时进行注释。

响他们对新闻的感知①。新闻工作者在个人社交媒体上的自我表露可能被公众误读，进而对媒体机构产生负面效应，这会影响媒体的声誉。媒体声誉是媒体影响力和公信力的外在表现，也是媒体影响力和公信力的核心基础，② 因此大多数媒体十分重视新闻工作者的个人社交媒体使用对媒体声誉的影响。为避免个人社交媒体使用损害媒体声誉，各大媒体机构主要从以下三个方面对其进行规范。

首先，新闻工作者需要声明发表在社交媒体上的言论观点属于个人，不代表所属媒体的主要观点。如《澳大利亚广播公司社交媒体个人使用指南》规定："如果在社交媒体的个人资料中没有填写就业情况会影响你的诚信，我们强烈建议你填写个人的职业情况。如果你这么做了，建议加上一句声明，大意是任何观点都属于你自己，而不是公司。你并非代表公司发言。"③

其次，媒体机构限制新闻工作者在政治、公共政策等敏感议题上表明立场。如《英国广播公司编辑指导方针》规定："主持人、记者和通讯员是 BBC 的形象代言人——他们影响公众对 BBC 公正性的看法。我们的观众不应从 BBC 的内容产出中看出记者或时事新闻主持人对公共政策、政治、产业经济或任何其他领域'争议话题'的个人看法。他们可以提供基于证据的专业判断，但不得在任何能够被识别为 BBC 品牌的内容生产渠道、个人博客和社交媒体上公开表达个人观点。"④《加拿大广播公司新闻准则和实践》规定："在有争议的事情上表达个人观点会损害加拿大广播公司新闻的信誉，侵蚀公众对我们的信任。因此，我们应避免在个人账

---

① Jayeon Lee, "The double-edged sword: The effects of journalists' social media activities on audience perceptions of journalists and their news products," *Journal of Computer-mediated Communication* 20 (2015): 312-329.

② 高贵武、薛翔：《新媒介环境下中国主流媒体的声誉评价体系研究》，《国际新闻界》2020 年第 7 期，第 114~127 页。

③ 《澳大利亚广播公司社交媒体个人使用指南》，https://about.abc.net.au/how-the-abc-is-run/what-guides-us/abc-editorial-standards/editorial-policies/，最后访问日期：2021 年 2 月 12 日。

④ 《英国广播公司编辑指导方针》，https://www.bbc.com/editorialguidelines，最后访问日期：2021 年 1 月 12 日。

户、与加拿大广播公司有关联的账户或帖子中表达个人观点。"①

最后，部分媒体机构对个人社交媒体使用有更为严格的要求，对其点赞、转发、关注、发布负面性内容等行为都进行了规定。《澳大利亚广播公司社交媒体个人使用指南》写道："当你评论、分享或批评他人的观点或形象时，其实是在帮助公众形成对你的看法。甚至有些社交媒体测量工具可以跟踪你分享某些观点或信息的频率，并在此基础上对你进行评估。如果你是一个内容制作者，不断转发对某一争议问题持特殊观点的内容，可能会暗示一种党派倾向，并损害你的可信度。"《〈洛杉矶时报〉新闻编辑室使用社交媒体指南》规定："不管你如何将职业生活和个人生活分开，在网络上我们都假设它们是一个整体。即使你采取了保护隐私的手段如决定谁可以查看你的页面或个人资料等，也要假定你在社交媒体上发表的、接收的所有内容都是公开的。"② 因此，新闻工作者在社交媒体上发布信息时必须谨慎。《〈纽约时报〉新闻编辑室的社交媒体指南》也规定："虽然我们的记者可能认为脸书（Facebook）、推特（Twitter）等社交媒体账户是私人领域，独立于其在时报的角色，但事实上，我们在网上发布或'点赞'的所有内容在某种程度上都是公开的，我们在公共场合所做的一切都可能会与《纽约时报》相关联。因此，我们在此强烈阻止我们的记者在社交媒体上提出客户服务投诉。虽然你可能认为这是合理的抱怨，但需要特别考虑到你身为《纽约时报》记者或编辑的身份。"

2. 新闻工作者的个人社交媒体使用需要坚持职业操守

大多数媒体机构认为社交媒体是一个公共场所，新闻工作者即使表露私人或非正式的信息也会被公众视为公共信息。为了更好地维护个人和媒体形象，新闻工作者在使用社交媒体时需要坚持职业操守。如《〈华盛顿邮报〉的标准和伦理规范》规定："当记者使用诸如脸书、推特等社交媒体进行报道或记录个人生活时，必须坚持职业操守，并记住：《华盛顿邮

---

① 《加拿大广播公司新闻准则和实践》，https://cbc.radio-canada.ca/en/vision/governance/journalistic-standards-and-practices，最后访问日期：2021 年 3 月 3 日。

② 《〈洛杉矶时报〉新闻编辑室使用社交媒体指南》，https://www.latimes.com/la-times-ethics-guidelines-story.html，最后访问日期：2021 年 2 月 12 日。

报》的记者永远是《华盛顿邮报》的记者。"①

由于社交媒体就是另一个"公共场所"，新闻工作者在使用个人社交媒体时仍要保持警惕，在发布内容时不能暴露机密信息来源，不能泄露公司内部的机密信息，也不得泄露在工作中获得的消息，因为这可能会引发法律纠纷。对此相关媒体机构进行了详细规定，如《路透社新闻手册》规定："不要在个人社交媒体或其他在线平台上分享尚未发表的细节，包括你的采访步骤、交谈过的消息来源、从其他故事中获得的材料或在新闻编辑过程中的内容。否则在发生诉讼或收到传票时，我们可能无法保护那些尚未发布的新闻信息。"② 虽然社交媒体模糊了公私界限，但媒体机构仍希望新闻工作者的重心放在本职工作上，不要因使用社交媒体而降低工作效率。《澳大利亚广播公司社交媒体个人使用指南》规定："不要因使用社交媒体而降低个人的工作效率。"《〈纽约时报〉新闻编辑室的社交媒体指南》同样指明："我们相信社交媒体具有提供实时报道和及时更新信息的价值，但我们更希望记者首先把精力集中在《纽约时报》的数字平台上。"

3. 新闻工作者在使用社交媒体进行新闻实践时要坚守新闻专业性

新闻工作者可以通过社交媒体发掘新闻热点、寻找信息线索、采访事件当事人、进行新闻报道。社交媒体逐渐成为新闻工作者日常工作中的重要工具。③ 在运用社交媒体进行新闻活动时，新闻工作者需要坚守新闻专业性。

在传统媒体时代，为了进行专业的报道，新闻工作者认同并在实践中履行新闻团体所共同认可的职业理念，这些理念包括：真实、准确、全面、平衡、客观等。他们在实践中也遵循一些基本的职业伦理准则，如核对消息真实性、呈现全面的事实、事实与观点相分离、广告与新闻相区分、保护消息

---

① 《〈华盛顿邮报〉的标准和伦理规范》，https://www.washingtonpost.com/policies-and-standards/#readerengagement，最后访问日期：2021 年 1 月 3 日。

② 《路透社新闻手册》，http://handbook.reuters.com/index.php? title=Main_ Page，最后访问日期：2021 年 2 月 1 日。

③ M. Broersma, & T. Graham, "Social media as beat: Tweets as a news source during the 2010 British and Dutch elections," *Journalism Practice* 6 (2012): 403-419.

来源、保护隐私、报道准确及时更正、非歧视与尊重等。对于来自社交媒体的信息，新闻工作者也需要基于以上理论与准则等专业伦理规范进行判断。

《英国广播公司编辑指导方针》规定："特别（但不仅仅是）在社交媒体上，需要注意区分事实和谣言。错误或谣言可能在几分钟内就在世界各地传播，但更正却难以获得关注。"如果需要用社交媒体上的材料来验证某一事实，英国广播公司规定须对其进行额外核对——"不是我们亲自采访得到的材料都应如此"。对于信息的真实性和准确性，路透社做了更为详细的规定："社交媒体上的信息可以作为我们进一步调查和报道的对象。当使用推特作为消息来源时，路透社信任的媒体账户和特推认证的账户是首选。对于所有的社交媒体，如果发布者是个人，要么确认发布的内容是他所说且是他有能力知道的信息，要么在发布之前咨询高级编辑。如果我们没有核实信息，在报道中要如实说出来。"由于在线交流会缺失上下文的背景，因此在收集、使用来自社交媒体的信息时需要适当地进行线下采访，确保信息准确无误。《美国国家公共电台新闻伦理规范指导原则》规定："在网上伪造身份往往比现实世界更容易。当一个社交媒体的帖子本身就是新闻时，尝试联系信息来源以证实信息真实性，并获得对信息的更好理解。"①

基于用户生成内容（User-Generated Content，UGC）进行新闻生产是社交媒体时代新闻实践中的重要组成部分。用户生成内容为新闻生产注入了活力，部分媒体鼓励新闻工作者对此积极运用。如《澳大利亚广播公司社交媒体政策》指明："澳大利亚广播公司鼓励新闻工作者发现并共享用户生成内容，以此吸引新受众。"②由于用户生产信息的准确性、可信度、真实性等存在争议，《英国广播公司编辑指导方针》指出："用户生成内容带来了特殊的挑战。我们应进行核实，并根据报道需要来使用这些材料。我们必须谨慎使用任何可能由游说团体成员或与报道有利害关系的人提供的信息。同时，我们应确保这些内容能清楚地被公众识别为用户生

---

① 《美国国家公共电台新闻伦理规范指导原则》，https://www.npr.org/series/688409791/npr-ethics-handbook，最后访问日期：2021 年 1 月 15 日。
② 《澳大利亚广播公司社交媒体政策》，https://about.abc.net.au/how-the-abc-is-run/what-guides-us/abc-editorial-standards/editorial-policies/，最后访问日期：2021 年 1 月 22 日。

成内容。"

社交媒体是功能强大的即时沟通工具，在时空条件受限、难以进行线下面谈时，新闻工作者可以运用社交媒体采集信息。《美国国家公共电台新闻伦理规范指导原则》认为："如果使用得当，社交媒体可以成为记者采集信息和报道新闻的工具的重要组成部分，因为它们可以加速获取信息并扩大记者的联系范围。"同时《美国国家公共电台新闻伦理附加手册》中规定："当今世界，部分记者通过电子邮件和社交媒体联络信息来源。我们在社交媒体上与信源沟通时需要遵循准确性和透明度原则，采访和交流记录需要备案。当我们与潜在信息来源接触时，需要向他们表明这一点。"[①] 与此相似，《加拿大广播公司新闻准则和实践》规定："如果收集信息的唯一方式是通过邮件或社交媒体，那么在使用采访内容时应该公开背景说明。"

在运用社交媒体进行信息采集、引用社交媒体上的信息内容时，新闻工作者同样需要关注报道的呈现方式：是否侵犯个人隐私？是否含有刺激性内容？是否对他人造成伤害？由于这些信息被专业媒体报道之后，其传播速度更快、信息覆盖更广、影响范围更大，因此新闻工作者在从社交媒体上获取图像或视频材料时需要着重考虑是否侵犯他人权益。《英国广播公司编辑指导方针》写道："当我们使用从社交媒体上获取的视频和图像并进行传播时，它们可能会覆盖更为广泛的受众。我们应该考虑出现在图像中的个人隐私，尤其是在他们本人没有制作或发布这一信息的情况下，并需要进一步考虑是否取得本人同意。我们还应考虑这些视频和图片被再次使用的潜在影响，对于那些悲剧性、侮辱性或令人痛苦的事情更应慎重。"加拿大广播公司强调："我们要注意保护青少年在社交媒体使用时的隐私。"

4. 鼓励新闻工作者在社交媒体上进行报道创新

社交媒体已成为新闻传播的主要阵地。社交媒体的强交互性和即时性改变了新闻生产形式。社交媒体所支持的排版模式、内容长度、图文视频

---

① 《美国国家公共电台新闻伦理附加手册》，https://www.npr.org/series/688409791/npr-ethics-handbook，最后访问日期：2021 年 1 月 5 日。

呈现方式与传统媒体有所不同，这促使新闻产品在社交媒体上的呈现形式不断创新。《〈纽约时报〉新闻编辑室的社交媒体指南》倡议："我们希望我们的记者可以利用社交媒体来尝试新的语言、框架和报道风格，尤其是当这种新型叙事方式能运用在《纽约时报》数字平台上时。"

媒体机构在鼓励新闻工作者于采访报道中使用社交媒体的同时，也希望他们充分意识到其中的风险。报道方式的创新并不意味着媒体机构在社交平台上评论观点的改变，如《〈纽约时报〉新闻编辑室的社交媒体指南》强调："我们的记者可以在社交媒体上尝试新东西，但这并不意味着记者有权改变时报的观点。"《加拿大广播公司新闻准则和实践》也表明："记者可以遵循特定社交媒体平台的写作习惯，但不可以模糊或改变报道原有的含义。"

（二）新闻工作者社交媒体使用伦理的建议

媒体伦理规范是媒体自律的一种手段和依据，其制定目的是规范媒体实践活动，为新闻工作者处理实践伦理问题提供具体指导。虽然媒体机构出台的伦理规范不具备法律强制力，但反映了媒体机构在新闻实践中的共识理念。社交媒体使用的伦理规范是媒体机构和新闻工作者为适应新媒体形态共同做出的一种努力。社交媒体的深入变革推动着新闻实践的种种创新，新闻工作者的社交媒体使用规范也需要不断完善与补充。鉴于此，本研究在梳理主要媒体机构的社交媒体伦理规范后，为新闻工作者的社交媒体使用条例提出以下两点建议。

其一，新闻工作者社交媒体使用的规范需要更为细致和具体。之前的媒体伦理研究显示，很多媒体自律机构出台的新闻伦理规范是较为详细的。如印度新闻评议会出台的伦理准则共有42条，其中涉及隐私、宗教、自然灾害、媒介审判等多个方面。目前已有部分媒体机构在社交媒体伦理规范中提及了对儿童、青少年的保护，而更多媒体机构尚未明确指出。社交媒体时代，新闻工作者面对的伦理问题不但没有减少，反而更加敏感、复杂。因此媒体机构需结合实际，细分主题，更加详细地对新闻工作者的社交媒体使用进行规范。如新闻工作者在使用社交媒体时如何处理儿童、青少年可能会看到的信息；在个人社交媒体上如何呈现自然灾害、战争、冲突暴力等刺激信息；新闻工作者在个人社交媒体中发布与社会矛盾相关的内容或观点时，脱离话语陈述背景的调侃与反语是否会对公众认知产生误导；等等。媒体机构可以结合新闻工作者社交媒体的使用特点对原有的伦理规范进行补充和更新。

其二，新闻工作者社交媒体使用规范中应增补关于评论互动的相关规定。自从新闻工作者使用社交媒体，受众与媒体间自上而下的互动已转变为一种更具互惠性和参与性的方式。① 即时的评论互动是社交媒体区别于传统媒体的根本所在。通过社交媒体评论，新闻工作者可以及时与受众取得联系并了解其想法，但不恰当的评论回复和引导也会对专业媒体的形象和声誉产生负面影响，因此需要小心应对。已有研究表明，在社交媒体上扮演积极角色的新闻工作者通常与受众互动得更流畅，用户黏性得到增强，因此媒体机构应考虑为新闻工作者提供相关培训以获得更好的沟通技巧。②《纽约时报》和澳大利亚广播公司两家媒体对新闻工作者在社交媒体上的评论互动进行了相关规定，但仍比较空泛。新闻工作者能不能回复评论？如何与受众互动？需要遵循什么原则？遭遇语言暴力型互动信息时应如何处理？这些问题都需要媒体机构依据其新闻理念和媒体特色进行相关规范。

社交媒体为新闻工作者的采访与报道、传播与互动提供了一个新的平台，同时也为新闻工作者展现自我魅力、进行个人表达提供了空间。新闻工作者如何规避社交媒体使用中的伦理风险，不仅是媒体机构需要考虑的问题，也是新闻工作者需要严肃对待的问题。研究新闻工作者社交媒体使用的伦理规范，有助于媒体机构不断完善相关规定，督促新闻工作者树立社交媒体使用的伦理意识，使他们的采、写、编等行为可以更为专业也更加规范，并帮助新闻工作者在个人社交媒体表达与社交媒体新闻呈现之间寻求平衡。

---

① L. Canter, "The interactive spectrum: The use of social media in UK regional newspapers," *Convergence: The International Journal of Research into New Media Technologies* 9 (2013): 472-495.

② Yiping Xia, Sue Robinson, Megan Zahay, & Deen Freelon, "The evolving journalistic roles on social media: Exploring 'engagement' as relationship-building between journalists and citizens," *Journalism Practice* 5 (2020): 1-18.

附录二　部分新闻伦理规范文本

一　中国新闻工作者职业道德准则*

　　中国新闻事业是中国共产党领导的中国特色社会主义事业的重要组成部分。新闻工作者坚持以马克思列宁主义、毛泽东思想、邓小平理论、"三个代表"重要思想、科学发展观、习近平新时代中国特色社会主义思想为指导，增强"四个意识"，坚定"四个自信"，做到"两个维护"，牢记党的新闻舆论工作职责使命，继承和发扬党的新闻舆论工作优良传统，坚持正确政治方向、舆论导向、新闻志向、工作取向，不断增强脚力、眼力、脑力、笔力，积极传播社会主义核心价值观，自觉遵守国家法律法规，恪守新闻职业道德，自觉承担社会责任，做政治坚定、引领时代、业务精湛、作风优良、党和人民信赖的新闻工作者。

　　第一条　全心全意为人民服务。忠于党、忠于祖国、忠于人民，把体现党的主张与反映人民心声统一起来，把坚持正确舆论导向与通达社情民意统一起来，把坚持正面宣传为主与正确开展舆论监督统一起来，发挥党和政府联系人民群众的桥梁纽带作用。

　　1. 坚持用习近平新时代中国特色社会主义思想武装头脑，深入学习宣传贯彻党的路线方针政策，积极宣传中央重大决策部署，及时传播国内外各领域的信息，满足人民群众日益增长的新闻信息需求，保证人民群众

---

　　* 中华全国新闻工作者协会第九届全国理事会第五次常务理事会 2019 年 11 月 7 日修订。

的知情权、参与权、表达权、监督权；

2. 坚持以人民为中心的工作导向，把人民群众作为报道主体、服务对象，多宣传基层群众的先进典型，多挖掘群众身边的具体事例，多反映平凡人物的工作生活，多运用群众的生动语言，丰富人民精神世界，增强人民精神力量，满足人民精神需求，使新闻报道为人民群众喜闻乐见；

3. 保持人民情怀，积极反映人民群众的正确意见和呼声，及时回应人民群众的关切和期待，批评侵害人民利益的现象和行为，畅通人民群众表达意见的渠道，依法维护人民群众的正当权益。

第二条　坚持正确舆论导向。坚持团结稳定鼓劲、正面宣传为主，弘扬主旋律、传播正能量，不断巩固和壮大积极健康向上的主流思想舆论。

1. 以经济建设为中心，服从服务于党和国家工作大局，贯彻新发展理念，为促进经济社会持续健康发展注入强大正能量；

2. 宣传科学理论、传播先进文化、滋养美好心灵、弘扬社会正气，增强社会责任感，严守道德伦理底线，坚决抵制低俗、庸俗、媚俗的内容；

3. 加强和改进舆论监督，着眼解决问题、推动工作，激浊扬清、针砭时弊，发表批评性报道要事实准确、分析客观，坚持科学监督、准确监督、依法监督、建设性监督；

4. 采访报道突发事件坚持导向正确、及时准确、公开透明，全面客观报道事件动态及处置进程，推动事件的妥善处理，维护社会稳定和人心安定。

第三条　坚持新闻真实性原则。把真实作为新闻的生命，努力到一线、到现场采访核实，坚持深入调查研究，报道做到真实、准确、全面、客观。

1. 通过合法途径和方式获取新闻素材，认真核实新闻信息来源，确保新闻要素及情节准确；

2. 根据事实来描述事实，不夸大、不缩小、不歪曲事实，不摆布采访报道对象，禁止虚构或制造新闻，刊播新闻报道要署记者的真名；

3. 摘转其他媒体的报道要把好事实关导向关，不刊播违背科学精神、伦理道德、生活常识的内容；

4. 刊播了失实报道要勇于承担责任，及时更正致歉，消除不良影响；

5. 坚持网上网下"一个标准、一把尺子、一条底线"，统一导向要求、管理要求。

第四条　发扬优良作风。树立正确的世界观、人生观、价值观，加强品德修养，提高综合素质，抵制不良风气，保持一身正气，接受社会监督。

1. 强化学习意识，养成学习习惯，不断增强政治素质，提高业务水平，掌握融合技能，努力成为全媒型、专家型新闻工作者；

2. 坚持走基层、转作风、改文风，练就过硬脚力、眼力、脑力、笔力，拜人民为师，向人民学习，深入了解社情民意，增进与群众的感情；

3. 坚决反对和抵制各种有偿新闻和有偿不闻行为，不利用职业之便谋取不正当利益，不利用新闻报道发泄私愤，不以任何名义索取、接受采访报道对象或利害关系人的财物或其他利益，不向采访报道对象提出工作以外的要求；

4. 严格执行新闻报道与经营活动"两分开"的规定，不以新闻报道形式做任何广告性质的宣传，编辑记者不得从事创收等经营性活动。

第五条　坚持改进创新。遵循新闻传播规律和新兴媒体发展规律，创新理念、内容、体裁、形式、方法、手段、业态等，做到体现时代性、把握规律性、富于创造性。

1. 适应分众化、差异化传播趋势，深入研究不同传播对象的接受习惯和信息需求，主动设置议题，善于因势利导，不断提高传播力、引导力、影响力、公信力；

2. 强化互联网思维，顺应全媒体发展要求，积极探索网络信息生产和传播的特点规律，深刻把握传统媒体和新兴媒体融合发展的趋势，善于运用网络新技术新应用，不断提高网上正面宣传和网络舆论引导水平；

3. 保持思维的敏锐性和开放度，认识新事物、把握新规律，敢于打破思维定势和路径依赖，认真研究传播艺术，采用受众听得懂、易接受的方式，增强新闻报道的亲和力、吸引力、感染力，采写更多有思想、有温度、有品质的精品佳作。

第六条　遵守法律纪律。增强法治观念，遵守宪法和法律法规，遵守党的新闻工作纪律，维护国家利益和安全，保守国家秘密。

1. 严格遵守和正确宣传国家各项政治制度和政策，切实维护国家政治安全、文化安全和社会稳定；

2. 维护采访报道对象的合法权益，尊重采访报道对象的正当要求，不揭个人隐私，不诽谤他人；

3. 保障妇女、儿童、老年人和残疾人的合法权益，注意保护其身心健康；

4. 维护司法尊严，依法做好案件报道，不干预依法进行的司法审判活动，在法庭判决前不做定性、定罪的报道和评论，不渲染凶杀、暴力、色情等；

5. 涉外报道要遵守我国涉外法律、对外政策和我国加入的国际条约；

6. 尊重和保护新闻媒体作品版权，反对抄袭、剽窃，抵制严重歪曲文章原意、断章取义等不当摘转行为；

7. 严格遵守新闻采访规范，除确有必要的特殊拍摄采访外，新闻采访要出示合法有效的新闻记者证。

第七条　对外展示良好形象。努力培养世界眼光和国际视野，讲好中国故事，传播好中国声音，积极搭建中国与世界交流沟通的桥梁，展现真实、立体、全面的中国。

1. 在国际交往中维护祖国尊严和国家利益，维护中国新闻工作者的形象；

2. 生动诠释中国道路、中国理论、中国制度、中国文化，着重讲好中国的故事、中国共产党的故事、中国特色社会主义的故事、中国人民的故事，让世界更好地读懂中国；

3. 积极传播中华民族的优秀文化，增进世界各国人民对中华文化的了解；

4. 尊重各国主权、民族传统、宗教信仰和文化多样性，报道各国经济社会发展变化和优秀民族文化；

5. 加强与各国媒体和国际（区域）新闻组织的交流合作，增进了解、加深友谊，为推动人类命运共同体建设多做工作。

对本《准则》，中国记协会员要结合实际制定相应实施细则，认真组织落实；全国新闻工作者包括新媒体新闻信息传播从业人员要自觉执行；各级地方记协、各类专业记协要积极宣传和推动；欢迎社会各界监督。

二　印度新闻评议会伦理准则*

（2020 年版）

引　言

媒体具有塑造公众舆论、民众观念和信仰的巨大力量。媒体的职责在于确保从可验证的信源获取信息，赋予人们合法权利并引导他们做出明智的选择。

2020 年是充满挑战的一年，在这一年里新冠疫情在全球范围内传播，全世界面临着前所未有的严重危机，一切都停滞不前，人类自身的未来也笼罩在阴云之下。在这个关键时刻，提供公正、真实的信息并教育民众对于媒体而言是比以往任何时候都更重要的任务和责任。为履行"自由且负责任"的使命，评议会修订并更新了《印度新闻评议会伦理准则（2020 年版）》，其中包括新冠疫情媒体报道指南和记者安全保护措施指南，以及根据评议会在该年度发布的裁决、声明和公告所更新的准则内容。

我相信，《印度新闻评议会伦理准则》（2020 年版）将启发、鼓励和指导有关媒体人士与有志向的媒体工作者重视新闻的可信性并将其付诸实践。

法官

Chandramauli Kumar Prasad

印度新闻评议会主席

伦理准则

新闻业的根本目标在于以公平、准确、公正、严肃、得体的方式给大众提供有关公共利益的新闻、观点、评论和信息。为此，新闻媒体应以被普遍认可的专业标准来要求自身。以下所阐明的一般标准以及针对不同情况而附加的相关指南，将有助于新闻从业者进行自我管理和自我规范。

　＊ 印 度 新 闻 评 议 会, https://www.presscouncil.nic.in/Archieves.aspx? Archieve = DocumentsOfPCI&Title = Previous%20Norms&Section = Norms&After = 3, 最后访问日期：2023 年 2 月 1 日。

1. 准确性和公正性

（1）新闻应避免报道不确定的、无根据的、不雅的、有歧义的或是扭曲事实的内容；没有根据的言辞和推测不能被当成事实来报道，但与核心话题或报道对象相关的各个方面的内容都应被客观地报道出来；

（2）报纸有责任积极应对谣言导致金融机构公信力受损的危机；

（3）尽管新闻媒体有责任揭露社会生活中的不端行径，但此类报道必须基于强有力的事实和证据；

（4）报纸应该牢记其职责是收集新闻并正确呈现新闻，不要创造新闻；

（5）无论何时，每当基于"第一信息报告"（First Information Report，FIR）原则发布对任何人的声誉持批评态度的新闻，报纸或期刊必须在同一篇新闻报道中明确说明，报道仅基于 FIR，而且 FIR 说法的真实性必须由法庭判定；报纸也应该发表声誉受到影响一方的说法；

（6）报纸不应该误解或错误引用领导人的陈述，该报道中引用的陈述应该反映他们试图传达的真正精神；

（7）以同时代事件为基础来分析和解释历史的文章不能被视为不道德；

（8）当报纸正在跟进某一事件，并就与该事件主体相关的问题进行系列报道时，其无罪的新闻也应该以与以前的系列报道同样显著的方式公布；

（9）报纸有责任承担其根据缺乏凭据的研究发表令人惊恐或耸人听闻的新闻报道标题而造成的破坏性影响；

（10）如果说流言蜚语会传到少数人的耳朵里，那报纸的报道将会传到十万人的耳朵里，因此新闻界对社会需要承担更重的责任；

（11）媒体必须克服新闻报道的琐碎化和淫秽庸俗化，建立社会公信力，以赢得读者的信任；

（12）言论自由并不赋予报纸报道有关机构或个人的虚假事实的权利，包括在相比不那么重要的注释中；

（13）不得将性质严重的历史性错误言论归咎于个人的失误。

2. 广告

（1）与社会、经济或政治信息一样，商业广告也是信息；广告对于公众态度和生活方式塑造的影响并不少于其他类型的信息和评论；新闻伦理规范要求广告必须与新闻内容清晰地区分开来；

（2）任何直接或间接地促进烟酒等麻醉性商品生产或销售的广告应一律禁止刊发；

（3）报纸不应刊登任何有伤害集体或社会阶层宗教情感倾向的广告；

（4）违反2002年修订的《药品和神奇疗法（异议性广告）法》及其他成文法案的广告均应被禁止；

（5）报纸不应刊登任何违法或有悖公众礼仪、良好品位及新闻伦理准则和行为规范的广告；

（6）新闻职业规范要求报纸上的广告必须与新闻内容明显区分开来。报纸在刊登广告时要注明所收金额；其背后的缘由是广告商需要向报纸缴纳广告费，但当广告费高于正常标准时，相当于广告商向报社提供了津贴；

（7）报纸发布未经广告商付款或授权的虚假广告，构成违反新闻道德的行为，尤其是当报纸就此类广告提出议案时；

（8）有意在报纸的某些副本中漏刊某个广告是有悖新闻工作者伦理基准的严重失职行为；

（9）对于所收到的广告是否合法得体，广告部和编辑部之间要做好协调和交流；

（10）对于特定的广告，尤其是对那些内容淫秽或低俗的广告，编辑应坚持行使否决权；

（11）报纸在刊登征婚广告时，应附带内容如下的警示语："读者在采纳征婚广告的信息前，宜对广告内容进行适当的、详尽的调查；对于广告中所声称的征婚对象的身份、年龄、收入等内容，报社不担保其真实性或准确性；"

（12）编辑要对报纸上的一切信息负责，包括广告；如果编辑不承担这一职责，必须提前加以明确说明；

（13）报纸上刊登的电话交友类广告往往涉及邀约普通公众拨打特定

号码来进行"娱乐"聊天，并且往往会玷污青少年的心智，助长不道德的社会风气；对于此类广告，新闻媒体应该予以拒绝；

（14）使用不雅语言进行隐蔽性引诱的保健类分类广告是违反法律和道德的；报纸应该采用适当的机制来审查这类广告，以确保隐蔽性引诱的广告不被刊登；

（15）考虑到我国的社会环境和所珍视的传统价值，避孕类以及相关的商品广告是不合乎伦理道德的；报纸具有教育民众如何预防艾滋病的神圣职责，并且应该对社会福利组织所发布的此类广告表现出接纳、支持的远见；

（16）相较于广受信赖的政府工作招聘广告，在刊登私人机构的招聘广告时应更加慎重；

（17）刊登教育机构的广告时，报纸应确保该广告带有强制性声明，即相关机构受到相关法律的认可；

（18）广告在塑造当今社会的价值观上起着非常重要的作用；随着越来越多的非常规事物开始被社会宽容，广告可能会加速"公共认知"对非常规事物的接纳度，但其相应的代价则是需要考虑的核心问题；我们应该牢记于心的是，在全球化的浪潮中，我们不应抛弃为印度赢得独一无二地位的、为全球所认可的道德和伦理准则；

（19）发布关于收养未出生婴儿的广告不仅是不道德的，而且是非法的；媒体在发布之前应仔细审查广告；

（20）对于广告代理机构代客户发布的涉及法律纠纷的广告，报社不承担广告发布责任；

（21）为了公众利益，作为广告或促销性内容发布的所有材料应明确地被标注；

（22）根据 1867 年《报纸和图书出版登记法案》（*The Press and Registration of Books ACT*，PRB）第 7 节，考虑到编辑对包括广告在内的所有内容所承担的责任，报纸和期刊应从法律和伦理角度仔细审查广告来源；经济创收不能也不应该是唯一的目标，新闻界要承担更大的公共责任；

（23）不能发布寻求自愿肾脏捐赠的内容；

（24）记者/编辑应披露广告商或广告投放者的身份；

（25）报纸不得刊登任何试图以新闻媒体发布的印度总统和总理的姓名与照片作为传播途径的广告；

（26）报纸在发布类似于新闻的广告/软文时，应以粗体对标题"广告/软文"进行标注，其字体大小与页面中出现的副标题字体大小一致；

（27）如果发布的招聘广告只有联系电话，没有任何其他细节，包括工作性质所需的职员特征和雇主身份等，是违背伦理规范的；媒体不应发表此类广告，因为其可能导致"人口贩卖"问题的出现，很多不知情的民众将成为受害者。

有意刊登此类广告的报纸应刊登该招聘广告的工作性质，以避免宣扬违背伦理和道德规范的行为。

＊同时在此类广告中，报纸发表的"免责声明"并不免除其相关责任。

3. 占星预测

对占星预测和迷信活动的传播可能会扰乱读者的心绪甚至引起反感。大众报刊的编辑人员如果致力于弘扬科学精神，反对迷信和宿命论，就应该避免出版占星预测方面的内容。对占星术感兴趣的读者可自行选择此方面的专门出版物来阅读。

4. 种姓、宗教或社会关系

（1）一般情况下，新闻媒体应避免披露他人或特定社会阶层的种姓信息，尤其是在报道的上下文里含有贬低这一种姓的关联性内容的时候；

（2）报纸尽量不要使用"Harijan"这一类会招致部分人反感的词语，应该使用341条的附表种姓中的词；

（3）当被告或受害人的种姓与社会身份信息同犯罪事件毫无关系或对被告的身份鉴定和案情调查毫无帮助时，媒体也不应将其加以披露；

（4）报纸不得发表任何虚构文章来歪曲宗教人士或社会名流，这会冒犯社会大部分人的敏感性，因为他们对这些人物具有很高的敬意，这些人被他们赋予了美德和崇高的品质；

（5）对先知或神灵的名字进行商业利用有悖于新闻道德和良好品位；

（6）报纸有责任确保行文的基调、精神和用语不带煽动性，不令人反感，不损害国家的团结统一，不违背宪法精神，不含有煽动破坏社会和谐的内容；报纸同样不得发表煽动国家使国家巴尔干化（balkanisation）的文章；

（7）记者的工作之一就是引起公众对社会弱势群体的关注，其应该扮演社会弱势群体的守护人的角色；

（8）社会规范在时代发展中不断变化，媒体也应避免出版一些可能会伤害到公众情绪的内容，特别是在具有特殊意义的日子里；

（9）为维护社会和谐、维系国家结构，媒体在公布任何声称参与恐怖活动的组织名称时都应该更加谨慎；

（10）以技术性错误为借口来为挑衅性声明或断章取义的声明辩护，是对新闻报道的不负责任；

（11）以神的漫画来描绘相关时期的政治情景，不能被视作令人反感的新闻报道；

（12）以书籍为基础发布的新闻有可能不符合宗教组织成员的普遍信仰，但仅凭这一点，不能将此新闻称为非法和不道德的；

（13）道德所适用的领域远大于法律所覆盖的领域，行为的道德与否需要从普通人的角度来进行判断；因此，新闻媒体既不得刊登可能有损宗教人物形象的文章，也不能发表冒犯社会上信仰该宗教的大部分人群并可能具有宗教敏感性的内容，因为这些人物被一些社会成员赋予了崇高的道德品质；

（14）报刊应利用其权力来促进和维护社区和谐；

（15）社区的结构非常微妙；报刊在不同地方、不同语言中使用不同意义的词语要十分谨慎；

（16）"达利特"（Dalit）一词的表达不得用于挑衅或贬低社群。

5. 避免诽谤性文字

（1）报纸不得刊登任何有损个人或集体名誉的言论，除非在反复核查后，有充足的证据来证实所刊登言论真实准确且其发表对社会发展有益；

（2）当新闻内容不涉及公共利益时，真实性不能成为对公民个人进行贬损和毁谤性报道的抗辩理由；

（3）只有在极少数牵扯到公共利益的情况下，对已故人员的负面性评价才得以发表，因为已死之人无法对评论做出任何反驳；

（4）新闻媒体有通过将有疑问的人物和事件呈现在公众面前的方式来为公共利益服务的责任、权利和自由，但同时也有保持克制和谨慎的义务，避免因为给他人贴上"骗子""杀人凶手"等污名化的标签而使其处于危险的境地；其根本原因在于，一个人有罪与否应建立在被证实的事实，而非被告品德不良的证据之上；当新闻工作者热心于揭露事实真相时，不应逾越道德伦理和公正评论的底线；

（5）新闻媒体不得将个人先前的不良行为作为参考来评判他现在的行为；如果公共利益需要这些参考，媒体机构应在出版发表前，向相关部门咨询其不良行为的后续情况；

（6）当原告对致其声誉受损的报道进行质疑时，被告有责任证明相关报道真实有据或是出于善意和公共利益的需要；

（7）报纸不得以"八卦"或"恶搞"的栏目名义去污蔑任何享有特殊保护或豁免权益的人和实体；

（8）一家报纸发布了诽谤性新闻不意味着其他报社可以转载或重复相同的新闻或信息；即使多家媒体同时报道相关的类似信息也不能表明该信息的准确性；

（9）新闻媒体意识到自身对于社会的责任感是非常重要的，因为新闻媒体享有与公众直接沟通互动的特殊社会地位，所以应该借此让社会变得更美好，国家更富强，而不是纵容耸人听闻的谣言肆意传播；新闻媒体，尤其是规模较小的地方媒体也应学会清晰地区分"公共利益"和"公众感兴趣的事情"之间的区别；即便有些小道传闻或流言蜚语可能会使公众感兴趣，但只要它们并不具有公共价值或公共利益，那么新闻媒体就需要谨慎地避免将宝贵的新闻资源浪费在此类事情上；

（10）应避免插入与上下文毫无关系且可能损及他人或特定团体声誉的不合适声明；

（11）尽管报纸有报道政治活动的自由甚至责任，但此类报道不得有所倾斜；媒体权利并不意味着报纸可以出版虚假的、诽谤性的内容去污蔑政治领导或是损毁其政治生涯；

（12）新闻媒体须牢记：民主制度所珍视的言论自由和表达自由虽为第四权力所享有，但也需谨守相关责任和义务；报纸不得将自身视为伪造证据的工具，且不得利用伪造的证据在报刊上进行虚假宣传；

（13）新闻媒体对行贿以影响新闻报道的不良现象进行曝光的行为应该受到表彰，并且这种揭发和曝光不会被视为诽谤；

（14）诉讼资格：在涉及个人指控或批评的案件中，只有当事人才能享有诉讼权或主张答辩权；但是，组织或团体的代表人有权针对直接批评其领导者的出版物提出诉讼；

（15）公共利益和公共实体：作为公共利益的监管者，新闻媒体有权曝光公共机构中腐败堕落和违法乱纪的行为，但这些内容必须建立在证据确凿的基础上，在询问并核实了相关信息源且获取了各当事方的说法后才可发表；报纸评论应该避免尖酸刻薄的话语表述和讽刺性的行文风格；新闻媒体的目标是督促社会机构去改善他们的工作，而不是打击他们的公信力与员工的积极性或是摧毁他们；当然，媒体所承担的相应责任要求他们进行公正、平衡的报道，而不受任何无关因素的影响；

（16）媒体和权力机关是民主制度的两个极为重要的支柱，政府为公共利益而运作，媒体时刻保持警惕、牢记自身责任是必要的先决条件。

6.

（a）批评司法行为的注意事项

（1）除了法庭不公开审讯或直接禁止旁听的案例，报纸均能以公正、准确、合理的方式报道未决诉讼；但报纸不得报道任何具有下列属性的内容：

-可能对正当司法程序造成直接的、即刻的阻碍、延滞和损害的内容；

-具有当场连续述评或辩论性的内容，或者对处于审判期的问题进行猜测、思考和评论从而可能损害庭审效果的内容；

-对刑事犯罪中受指控的被告进行个人性格分析的内容；

（2）在被指控人已经被逮捕且被起诉后，案件就已由法庭接管，此时报纸应非常谨慎，不得对调查性报道所搜集的材料进行公布或评论；报纸也不得披露被指控人的供词或对之进行评判；

（3）报纸可以出于公共利益的需要而对司法行为或法院判决进行合

理的评价，但不得因不正当的动机或出于个人偏见而对法官进行恶意诽谤，或对法院或司法部门进行整体性诽谤，也不得以欠缺专业能力或不廉正诚信为由对法官进行人身攻击；

（4）报纸应特别注意避免对与法官司法行为毫无干系的事物进行毫无根据、含沙射影的批评——即便这样的批评并不能被严格地视为刑事意义上的藐视法庭罪。

（b）关于法庭审理的新闻报道

（1）在发表有关法院诉讼的新闻之前，记者和编辑应查阅相关记录以核实其真实性、准确性和可靠性；为法院诉讼进程提供错误事实或信息的相关人员需对其自身行为负责并可能被定罪；

（2）如果法院的诉讼程序是公开进行的，报社记者在审判现场，那么报社就没有必要在报道发表以前获得许可证明；

（3）记者在听审期间的观察通常是试图搜集信息，而不只是记录或完成报道程序的一部分；因此，需要记者了解其不同，以正确报道；

（4）媒体不应报道处理该案的法律执业者或相关法官的姓名；

（5）解释法院判决时，报纸应该合理而不是有选择地引用，应清楚地确认选用的部分。

7. 保护机密

如果所收到的信息来自秘密的信源，媒体应保护其机密性；新闻评议会不应强制要求记者透露消息来源；但如果在诉讼程序中记者自愿披露该消息来源以抗辩针对自身的诉讼，那么此举不得被视为违背新闻伦理准则的行为；本规定认定报纸有权不披露其秘密信源，但不适用于以下情况：

（1）征得了信源的同意；

（2）编辑通过添加适当注释的方式来声明，尽管此信息是"不宜公开报道的"，但由于其涉及公共利益而特别加以公开。

8. 猜测、评论和事实

（1）报纸不得将猜测、推断或评论性的内容当作事实来传播或夸大；所有此类内容均应在准确核实后方可发表；

（2）具有幽默风趣的描述风格的卡通和漫画应被放置在特殊的新闻专栏并享有更大的自主空间；

（3）虽然讽刺是一种公认的文学作品形式，但不应将此作为诽谤性陈述的幌子；

（4）需要在政治评论的背景下阅读诸如"无能"之类的表达，以确定其冒犯性。

9. 更正

（1）一旦发现报道有误，报纸应该第一时间以显著的方式进行更正，在情况严重的时候还需向公众致歉；

（2）更正和致歉应在报纸同版面上发表，并应有适当的显著性。

10. 报道社会争议和矛盾

（1）有关社会矛盾或宗教冲突的新闻、观点或评论应在对事实进行充分核实后方能发表；同时，发表时应采用一种谨慎、克制的呈现方式，应有助于营造和谐、友善、和平的社会环境；要避免那些耸人听闻、挑拨刺激和令人恐慌的头条新闻；避免以可能削弱民众对国家法律和社会秩序信心的方式来报道社会暴乱或恶意破坏行为；同时，媒体应避免以可能激发狂热情绪、加剧紧张态势或凸显特定社群及宗教团体之间紧张关系的方式来报道社区骚乱或意外事件。

（2）新闻记者和专栏作家有促进本国社会和谐友好发展的特殊职责；他们的作品不仅是自我情感的表达，在很大程度上还有助于塑造整个社会的情感和氛围；因此，对于新闻记者和专栏作家而言，谨慎而克制地表达至关重要。

（3）在类似于古吉拉特邦大屠杀这样的危机状况下，新闻媒体的角色是调解者而非教唆者，是问题的解决者而非麻烦的制造者；愿新闻媒体在类似古吉拉特邦的危机中扮演促进社会和平、和谐发展的高尚角色；任何直接或间接阻碍这一发展趋势的行为都是反国家的行为；新闻媒体肩负努力促进民族团结与社会和谐的重大道德责任，并且应谨记其在独立之前的崇高地位；

（4）新闻媒体作为明日历史的记录者，无可争辩地对未来承担着以简明真实的事实来记录事件的职责；对事件的分析和对事件的评论是两种截然不同的新闻体裁，因此对二者的处理方式也应有很大的区别；在危机状况下，新闻媒体简明扼要、未加修饰，怀着相应的关怀与克制，对事件真相进行报道，在情理上是无悖于民主体制的；评论性文章的作者要对自己所发表的文章承担责任；评论的作者要确保他/她的分析不仅没有受到个人爱好、偏见或观念的影响，而且建立在准确的、经过核实的事实基础之上；评论性文章不得有意挑起种姓、社区或种族之间的敌意和仇恨；

（5）虽然新闻媒体打破"公共围墙"、促进社会和谐与维护国家利益的角色和责任不应受到削弱，但同时公民享有言论自由权也非常重要；印度新闻媒体有必要对这两者进行判断和平衡。

11. 对公众人物的批评/音乐评论

（1）演员或者歌手在公共场合的表演会自然地受到公众的评判，此类评判与艺术家的表演水准有直接联系，不能被视为诽谤；但是，评论家应该避免写出任何可能导致艺术家个人信誉受损的评论；

（2）作者不能质疑读者对一本书的批评性评论，除非他完全出于恶意，因为一些编辑和学者对这本书表示赞赏并不意味着其他批评者无权表达相反的观点；

（3）评论文章构成了作者的观点，从与评论直接相关的书籍中大量复制而得的作品不能被视为侵犯版权。

12. 编辑的自由裁量权

（1）编辑在撰写评论的时候，享有充分的自由度和裁量权。编辑有权在不违反法律、不违背新闻规范的前提下自行选择评论的主题及合适的用语；报纸上的社论和观点，应使用严肃庄重、社会认可的语言进行表达；

（2）新闻报道、报纸文章以及读者来信的内容选择取决于编辑；编辑有责任确保相关争议性事件中各方观点都得到了平等对待，以便人们能依此形成自己独立的观点；

（3）在相关新闻报道或文章的真实性存疑的时候，编辑不应将其发表；编辑应该删除报道或文章中存疑的部分，而这建立在他/她确信其余部分内容真实且有益于公众的基础上；

（4）决定新闻在报纸上的显要位置是编辑的特权；

（5）牢记"新闻报道"与"意见文章"两者存在明确区别，编辑可以自由编辑文章，但这种自由并不意味着可以未经作者许可，删除重要部分或核心内容，这样可能会歪曲文章背后的意图、目的和意义；

（6）应该根据对读者的即时性影响仔细评估标题；

（7）编辑对报纸上印刷的所有事实负责；

（8）当发布细节不足的岗位招聘广告时，编辑应牢记其对社会的责任，进行调查后再发布，因为不当的招聘广告可能会导致人口贩卖；

（9）社论是经印度宪法保障的编辑观点的一种表达，其神圣性不取决于任何个人的认同。

13. 对外关系

媒体在引导社会舆论和增进国家间的了解的过程中起到重要作用；客观公正地报道才不会破坏友好的双边关系。

14. 欺诈行为

报纸、期刊通过关停其出版物来欺骗公众并获取订阅的订金，是管理层的不道德行为；如果出版物的关停难以避免，应该将刊物的订金返还给订阅户。

15. 有关性别的报道

新闻界应该在消除长久以来的性别偏见和单方面描述方面发挥至关重要的作用，因为新闻报道可能会导致这种偏见延续，阻碍社会平衡与发展。

16. 避免赞美或鼓励社会丑恶现象的报道

报纸不得允许其下专栏刊登赞美或鼓励诸如殉死、邪教庆典之类社会丑恶现象的内容。

17. 新闻头条

（1）在通常情况下，特别是在报道社会纠纷或冲突的语境下：

-应避免挑衅性和耸人听闻的标题；

-标题必须反映并证明正文内容；

-包含指控内容的标题应指明指控的主体、消息来源，或者至少带有引号；

（2）新闻报道/评论性文章或其他新闻栏目标题的选择是一个人某些行为的结果；在选择标题时，标题应注意反映原文内容。

18. 媒体报道艾滋病病毒（HIV）与艾滋病（AIDS）的行为规范

应该做的：

媒体应告知并教育民众，而非警告或惊吓他们。

（1）保持客观、真实、敏感；

（2）持续跟进快速演化的病情；

（3）使用恰当的、不带污名化的用词和术语；

（4）确保标题是准确且平衡的；

（5）有责任感；描述事物的各个方面；使用艾滋病患者与艾滋病病毒携带者的话语来进行报道；

（6）消除关于艾滋病预防和传播的错误观念；

（7）揭露奇迹化治疗的"神话"和关于感染预防的非科学性断言；

（8）在不淡化问题严重性的前提下，突出正面的、积极的报道；

（9）保护病毒感染者及其家庭、同事和其他相关者的私密信息；

（10）确保所发表的照片不会泄露相关人员的私密信息；

（11）确保图片说明的准确性；

（12）报道时应保持性别敏感，避免刻板印象；

（13）从官方获取消息和数据，因为不准确的报道会对抵抗疾病的士气造成不利影响，甚至可能加剧相关人员的耻辱感；

（14）记者有责任确保受访者知晓披露其个人信息可能导致的风险；

（15）在可能的情况下，应获得被报道者书面的知情同意书；

（16）对艾滋病病毒感染者自杀或遭受歧视的负面事件进行平衡的报道，例如提供热线服务电话和联系咨询中心的方式；

（17）扩大新闻报道的影响范围，以探究疾病传播对经济、商业、政治和发展等问题造成的影响；

（18）当有报道疑问时，可咨询当地的积极群体或国家艾滋病防治协会，或查询现有的术语使用指南；

（19）确保所提出的问题不是非常隐私性的或带有指责性的；

（20）以一种积极的方式报道艾滋病病毒感染者，将其视为单独的个体而非"受害者"。

不应该做的：

（1）不要做耸人听闻、煽情性的报道；

（2）不要对艾滋病病毒感染者进行价值判断并意图对之进行谴责；

（3）不要使用"祸害"一类的词语去形容病毒感染，或将艾滋病病毒携带者描述为艾滋病携带者、娼妓、吸毒者、艾滋病患者或艾滋病受害者；

（4）不要聚焦在艾滋病病毒感染者是如何感染病毒的这类无关紧要的事情上；

（5）即使是在当事人同意的情况下，也不应通过披露其姓名或公布其照片的方式来暴露未成年感染者的身份；

（6）不要使用隐藏式拍摄设备；

（7）即使在征得同意的情况下，也不要通过姓名或照片来识别被艾滋病病毒感染和受艾滋病影响的儿童。

（8）避免对病患和濒死之人进行危言耸听的文字和图像报道，因为此举会传递一种绝望、无助和孤立的气息；

（9）不要使用颅骨、骷髅头、蛇或其他类似的视觉形象来制图；

（10）避免提及种姓、性别或性取向之类的信息；

（11）不要强化人们对于性取向少数派——包括女同性恋、男同性恋、双性恋者及变性者（LGBT）的刻板印象；

（12）不要将感染者描述成受害者、犯错者或被可怜的对象；

（13）不要助长与艾滋病、性传播疾病、皮肤病、结核病以及其他机会性传染病相关的误导性广告的传播；

（14）不要泄露自愿接受检测的志愿者的私密信息。

19. 非法复制

（1）新闻媒体不得以任何形式从禁书中复制或摘录冒犯性的内容；

（2）报纸应该对报道中所刊登照片的摄影师给予应有的名誉。

20. 内部纠纷

（a）管理者与编辑人员之间的关系

（1）无论一家媒体的建制采用何种命名方式，其编辑和记者团队同经理、执行人员以及行政人员之间总会存在公认的区别；编辑人员和管理人员的职责和义务是不同的，尽管两者之间常被要求进行协调与合作以求高效地出版刊物，两者的功能和定位仍应保持独立；

一旦报业主制定了相关政策作为通用指南，那么无论他自身还是他的任何代表人都不得插手其下编辑和记者团队的日常工作；

表达自由本质上是确保人们能自由获取关于所有话题、问题、事件和发展动态的准确而充分的信息；在履行编辑职责时，编辑是至高无上的，甚至超过了报业主；

报业独立的最重要一点，是编辑能独立行事，不受任何内外因素的制约；只有编辑享有这一自由，他才能为报纸上的一切内容担负法律责任，否则他很难履行对人民最基本的职责；

在报纸的运营中，报业的管理、行政和销售部门必须同编辑部门区分开，且不得凌驾于编辑部门之上或干涉其日常事务；这一预防措施在报业主兼任编辑的情况下同样适用；报业主不得因其商业利益和个人利益而操控或干预报纸运行，阻碍报纸履行其对于人民的义务；

这也是报纸的管理者有责任挑选出专业过硬、品格正直、思想独立的人来担任编辑的原因；

归根结底，报纸的成功取决于管理层、编辑人员、记者以及所有忠实地为报社工作的人员之间的相互理解、合作和诚意；

如果包括编辑部门在内的不同部门之间的协调关系受到了品牌管理方的影响，且后者对新闻和评论的发布与否、文章的长度或内容细节、文章的措辞和发表的版面位置以及文章应不应该被加以凸显等因素施加了影响，那么这样的协调关系就实实在在地侵犯了编辑人员的编辑自由；同时，无论编辑人员选取材料的自由以何种方式被影响，都无疑是对编辑自由的侵犯。

（2）报业主在任何情况下都不应要求编辑人员为其私利服务；要求编辑迎合报业主的私利，不仅有损编辑的职责，还冒犯了他作为新闻方面的社会委托人的地位；在任何笃信新闻独立自由的国家，报业主如果将编辑当作其代理人，试图利用他们来为自己谋取私利或者强迫他们按自己的意愿来进行报道，都是令人憎恶且应该受到谴责的；任何编辑和记者如果接受此类指令或屈尊去做了这些事情，那么将不仅使自身蒙羞，而且使新闻业蒙羞，有负于新闻这个职业；因为他们辜负了为公众提供公正、客观、全面的新闻和观点的社会信任。

（b）管理层与记者之间的工作关系

报业的管理者如果要求新闻记者承担行政类或商业类而非其新闻事务类的职责，那就是不道德的行为，且此举会侵犯记者的独立性，损毁管理者与记者之间正当的工作关系。

21. 调查性新闻的规范和标准

（1）调查性新闻具有三个基本元素：

－调查性新闻由记者而非采访对象来完成；

－报道主题应该为读者感兴趣的社会热点话题；

－以循循善诱的方式将被遮蔽的事件真相加以披露。

遵循第1项规范必然要求：

（2）调查性新闻的记者在报道时应基于自身经过调查并核实的信息，而非道听途说或从第三方获取的、未经自身核实的、间接或虚假的内容；

（3）调查性新闻报道中存在信息公开和信息保密的矛盾，调查性新闻的记者应该将公共利益置于最高处，在报道中平衡好两者；

（4）调查性新闻的记者不应急于求成，不应在信息不完整且没有经过自身全面核实的情况下进行报道；

（5）报道中应严格避免出现虚构的事实或主观猜测的内容；事实是至关重要的，在发表之前应反复多方核实；

（6）对于公正报道和事实的准确性，报纸应采用严格的标准；调查的发现应以客观公正、不夸大、不歪曲的方式报道出来；只有这样，才能在可能遭遇的诉讼中站稳脚跟；

（7）记者不得把自己视为诉讼案件的起诉人或原告辩护律师来介入正在调查的案件。记者的介入性调查必须是公正、准确、平衡的；对于所有已经审核过的核心信息，无论正面的还是反面的，都应该一一清晰地加以陈述，不受任何片面推断或不公正评论的干扰；报道的口吻、基调以及用语应该严肃冷静、端庄得体，避免不必要的冒犯性的、刻薄的、嘲讽的或斥责性的内容，尤其是当对被评论对象的指控仍处于调查阶段的时候；新闻性调查的记者也不得俨然以法庭自居，对待审案件的嫌疑人自行做出有罪或无罪的判断；

（8）在包括调查取证、情况陈述和报告发布的所有环节，报纸都应遵循刑事法学的首要原则——除非对一个人的指控已由独立可靠的证据证实，否则此人应被视为无罪；

（9）他人的私生活，包括公众人物的私生活，都具有私有性；不得暴露或介入他人隐私或私生活，除非有明确证据证明他人存在不良行为及滥用其公共身份与公共权力的行为，对公共利益造成了不利影响；

（10）虽然刑事诉讼法的规定在条文上并不适用于新闻记者的调查行为，但其基本原则可以作为他们进行公正的、合乎道德和良心的报道的指南；

（11）新闻媒体不应在官方做出权威发布之前发表任何信息的说法有悖于调查新闻业的基本精神，甚至可能有悖于新闻业的宗旨；

（12）对于基于光盘或其他此类设备拍摄的内容在报纸上发表会影响某人人格的新闻作品，应首先由法庭的专家确定此类证据的真实性。

22. 读者来信

（1）编辑在编辑有关争议性话题的开放性专栏时，并没有义务发表收到的所有相关信件；他有权筛选并发表部分信件的全部内容或主旨大意；然而，在行使这项权利时，他必须尽力避免所发表内容的片面性，尽可能对围绕争议性主题的正反观点平衡的呈现；

（2）在争议性问题的交流过程中，编辑有其自由裁量权来根据交流的态势决定什么时候关闭专栏；

（3）编辑可能有权编辑"读者来信"，但编辑过程中不能偏离读者原意。

23. 报纸可以揭露外交豁免权的滥用行为

媒体应尽其所能地构建起印度同其他国家之间展开友好合作和相互理解的桥梁。同时，对滥用外交豁免权的行为进行揭露也是报纸的职责所系。

24. 报纸不能唯利是图

（1）虽然报纸享有通过各种合法方式来保障或改善其财务状况的权利，但新闻媒体不得以有悖于高标准职业道德和良好品位的唯利是图的方式来进行商业竞争；

（2）在报纸中展开掠夺性的价格战或贸易竞争，相互诋毁对方的出版物并凭空指责对方有不公平的"交易"行为，是违背新闻伦理准则的；

对于是否存有不道德商业行为的判断，需取决于具体案例的具体情况；

（3）编辑在记者任职期间向其收取保证金的行为是不道德的；

（4）媒体机构应坚持客观公正的原则，不得屈从于媒体公司的其他商业利益；当媒体机构的个体利益和媒体的公共义务发生冲突时，将二者进行明显的区分不仅是合乎情理的，更是必要的。

25. 报纸应避免暗示有罪

（1）报纸应避免通过联想的方式暗示有罪；当被判决或被指控有罪的人的家人、亲戚或相关人士清白无辜且与事件毫无干系时，报纸就不应对他们进行报道；

（2）在争议性事件中，报纸对争议的任何一方表明其反对或支持的态度都是有悖新闻准则的。

26. 不退还主动提供的材料

（1）报纸不一定要退还那些主动提供给报社以用于发表的材料；但是，当所提供的材料中有已贴邮票的信封时，报社应尽力返还；

（2）当不给投稿人的稿件稿酬时，报社就应事先制定好不支付酬劳的协定并加以遵守。

27. 新闻摄影规范

图片或以视觉呈现的新闻与单纯的文字新闻相比，会在读者和观众的脑海中创造一个更强烈、持久的印象，因此摄影记者和其他视觉新闻的生产者必须更为谨慎负责地履行其职责。他们必须确保新闻的高标准，所呈现的内容应符合公共利益且能保持公平、准确、公正、严肃和得体。

应该做的：

（1）图像应准确、全面，并在合适的语境下呈现主题；

（2）对待所有主体都应维护其尊严，使其受到应有的尊重；对弱势群体给予特别关照，对犯罪或悲剧的受害者给予同情；只有当出于公共利益的需要而有必要加以公开时，才可介入他人的伤痛；

（3）在编辑视觉资料时，应确保其内容及语境的完整性；不得以添加或更改声音的方式来篡改图像资料从而误导受众或歪曲被报道者；

（4）在同报道对象打交道时，应保持谦和自然的态度；

（5）尊重摄影定格瞬间的场景完整性；

（6）图片不应该反映任何淫秽、粗俗或冒犯公众品位的内容；

（7）努力确保公共事务在公开的环境下进行；捍卫所有新闻记者的访问权；

（8）争取全面地、不受限制地接触采访对象；在时机和场合受限制时，提出替代性的方案；

（9）寻求多样性的观点并展示被忽视的看法；

（10）以身作则来保持本准则所阐释的职业精神和职业水准；当遇到不明情况时，可向具有最高职业水准的人士寻求帮助。

不应该做的：

（1）拍摄被报道对象时，不得有意改变或试图改变或影响原本的事件；

（2）他人的隐私不应被介入或侵犯，除非是出于真正至高无上的公共利益而非病态窥视欲的需要；

（3）在报道恐怖袭击、公共骚乱或其他暴力行为时，不要展示血肉模糊的尸体或其他可能引起受众不适、导致恐怖氛围或激发社会及宗派情绪的图像；

（4）不要被有意策划的场景左右；

（5）不接受那些意在影响报道的人的礼物、馈赠或经济报酬；

（6）不要卷入损害到或可能损害到其职业独立性的政治行为、市民活动、商业往来或就业状况；

（7）禁止用金钱或物质奖励换取消息来源或报道对象的信息或参与；

（8）新闻作品中不能有任何形式的偏见；

（9）不得故意破坏其他新闻记者所做出的努力。

呈现一个警方官员站在隐蔽赌场附近的照片，来强调警察忽视赌博的危害，只是为了象征性，不能被视为违反新闻伦理规范。

"死亡中的尊严"是社会广泛遵守的原则，除非此类事件的图片描述直接影响公共利益或目的，否则媒体应该避免。

28. 避免淫秽、粗俗的报道

（1）报纸和新闻记者不得刊发任何淫秽的、粗俗的或者冒犯公众良好品位的内容；

（2）报纸不得刊登粗俗的广告，或通过描绘裸体女性以及摆出性挑逗姿态引诱男性等之类内容的黄色广告；

（3）判断图片是否淫秽的检验方式有三种，分别是：

-它的内容是否淫秽下流；

-它是否是一件单纯的色情作品；

-它是否意在通过在青少年中传播并挑逗其性欲来赚钱；换句话说，它是否属于旨在谋求商业利益的不健康行为；其他的相关判定因素是该图片与杂志的主题相关性，也就是说，该图片的出版是否出于艺术、绘画、医学或性行业改革等社会目标或公益主旨；

（4）照片和绘画属于艺术作品，艺术家享有艺术创作的自由；然而，它只能作为艺术品而由鉴赏家或内行来评价和欣赏，这样的作品也可能并不适合出现在报纸的页面上；

（5）全球化和自由化并不意味着媒体可以滥用媒体自由去降低新闻媒体的社会价值；新闻媒体担负着重要的社会责任，需引导其他行业和企业来提升商业素养；正是出于这一功能定位，媒体肩负着继承并发扬我们的传统文化和社会价值的重要使命；

（6）报纸上诸如"私人情感"之类回答个人问题的专栏，不得含有可能损害公共风俗或败坏公共道德的低俗内容；

（7）新闻媒体应尽力确保其报道遵守了社会的总体规范而非个别规范；媒体也有责任保护传统文化，提高道德标准，并利用其社会影响力来提升社会的精神文化素养；

（8）印度读者已经越发成熟并且有着良好的新闻鉴赏力；从长远来看，通过促进"所谓的自由放任"来照搬西方做法的行为，会背离新闻传播的初衷；

（9）报纸可以通过发表文章来披露公共场所的不道德行为，但对于所用到的文字和影像证据要有严格的把控；

（10）报纸在发表有关性的文章时，应该适当照顾人们的情绪。

29. 有偿新闻

（1）报纸应在增刊/特刊上明确提及"市场营销"，以区别于新闻报道；

（2）报纸不应曲解或错误引用领导者的发言内容；社论中所引用的陈述应反映它们试图传达的内容的真正意义；

（3）在特定新闻栏目中，大量标识基于种姓的选民姓名和特定政党候选人的支持者姓名，以特定文字基调进行呈现，则构成有偿新闻；

（4）在不同的竞争性报纸上发表的内容相似的政治新闻报道构成有偿新闻；

（5）两家报纸在选举日一字不差地发布同一条新闻并非偶然，很显然此类新闻的发布主要是为了供选民进行考虑；

（6）新闻栏目以支持特定政党以及呼吁对特定政党提供投票支持为主要呈现方式的，可构成有偿新闻；

（7）预测被提名的候选人成功当选可构成有偿新闻；

（8）因电影明星出席活动引发民众热情以及有关竞选活动的新闻报道不构成有偿新闻；

（9）在报道大选相关新闻时，报纸在对候选人进行采访和内容发布的过程中需要确保报道的平衡性；

（10）在选举过程中，根据印度选举委员会的规定，只要没有建立在试图影响选举的基础上，报纸就可以自由地对候选人或政党的前景进行切实评估，此类新闻报道不构成有偿新闻；

（11）未经核实，报纸不得刊登任何调查新闻来预测任何政党的胜利。

30. 新闻媒体对于职业进行评论的标准

任何报纸/专栏作家都不得以印度宪法保障的言论/表达自由为幌子辱骂任何职业，因为言论自由并非绝对的自由。

31. 新闻媒体对公务人员的行为进行评论的标准

（1）中央政府、地方政府和履行政府职能的其他实体与机构不得因媒体对其行为进行批评性报道而以诽谤的名义对之提起诉讼，除非他们确认该报道内容罔顾事实；但是，司职处罚藐视法庭行为的司法部和分别受印度宪法第105条与第194条保护而享有特权的国会和立法机构不受此规则的辖制；

（2）中央和地方权力机构无权以诽谤的名义就批评其工作行为的文

章或报道提起民事或刑事诉讼；

（3）在发表关于公职人员的调查行为的新闻、评论或消息时，不应带有助长犯罪或妨碍预防犯罪、犯罪侦查和罪状检控的倾向；调查机构也肩负着不向外界透露相关信息和防止错误信息误导的相应责任；

（4）尽管没有法律授权国家或官员查禁新闻媒体或对其进行事前限制，但1923年出台的《官方机密法》（*The Official Secrets Act*）和其他具有法律效力的成文法律法规对新闻媒体具有同等的约束力；

（5）身负公职且因其履职行为而招致批评的人，不得作为对此批评进行申诉的意见听取对象；

（6）讽刺、嘲笑和诋毁国家总统的评论是不可取，且逾越了公平新闻评论要求的；

（7）虽然每个人都有对公共部门或公务人员的工作做出批判性评价的义务和自由，但此类评价必须基于适当的文件和证据；

（8）提供公共服务的机构必须接受对其运作的严格审查。

32. 国家利益至上

（1）依据印度宪法第19条第2款项，法律有权对言论和表达自由做出合理限制；因此，作为一条自律原则，在发表任何可能危及或损害国家和社会至高利益的新闻、评论或其他信息以及可能侵犯他人正当权益的新闻时，媒体应保持谨慎和克制；

（2）发布错误的或不准确的地图是严重的违规行为；此举会给国家领土的完整造成负面影响，一旦出现应即刻以显著的方式撤回并致歉；

（3）尽管通常不得披露消息来源，但如果受指控中的事项与国家利益和安全有关，则新闻界有责任、有必要强制要求确认信源所提供信息的真实性；

（4）没有经过全面核实，不得发表涉及国家敏感问题且可能诋毁国家的新闻；报纸和通讯社应在发表前核实其真实性。

33. 抄袭

（1）在未注明来源的情况下使用或仿冒他人的文章或观点，是违背新闻伦理准则的行为；

（2）侵犯版权的行为也违反新闻工作者职业规范；

（3）在不注明原著的情况下改写并刊登的行为也违反了新闻伦理守则。

34. 正式出版前核查

（1）当有关公共利益的稿件包含针对个人的指责和评论时，除了核对信源的真实性，编辑还需谨慎地核实其内容的真实性和准确性；必要时，向相关人士或机构收集该稿件所需的信息、评论和意见反馈；当事件信息量不足时，应在文后附加补充说明；

（2）重要的考试被取消或竞选中的选举人退出选举之类的新闻，必须经反复核查和多方确认后方可发表；

（3）任何一个作为已发表的新闻稿件的源文件都需要保存六个月以上；

（4）报纸应该在确定真实性后发布新闻稿，且应具有授权人的签名和部门印章；

（5）由流言蜚语构成的或关于个人品行的反复调查的新闻报道不值得发表；

（6）个人的仇恨不应反映在新闻报道中；在没有任何材料或在表面上证实了新闻内容的情况下发表新闻，以期恶意诽谤他人，构成不作为和犯罪；

（7）错误地把历史上不正确的、性质严重的言论归咎于政治领袖，进而产生严重影响的情况，因出版物未尽职调查，应做出严厉处置；出版物应该在出版前核实这种陈述的来源；

（8）有关嫁妆骚扰的指控应受到法院的详细审查，根据《新闻评议法》第498-A节下修改规定，媒体在此类报道中应更加敏感，避免公布被告的照片，编辑在这种情况下也应核实被告的立场；

（9）因贪污贿赂而解雇一名官员是可经证实的事实，报纸应该进行核实求证；随后的澄清不能减轻对其的损害。

35. 公众人物隐私权

（1）隐私权是神圣不可侵犯的人权；然而，隐私的范畴因人而异、因情况而异；作为公众代表而万众瞩目的公众人物不能期望享有和平常人一样的隐私权；公众人物的一举一动都事关公共利益（这里的"公共利益"不是"有利于公众"的意思），因此即便是其私下的个人行为也有可能通过新闻媒体而呈现在大众的面前；然而，对于公众人物具有公共利益属性的言行举止，新闻媒体也负有通过正当的渠道来获取信息，充分核实信息且确保相关报道真实准确的相应责任；新闻工作者不得采用监控设备来获取公众人物与大众无关的信息；新闻工作者不得以纠缠不休的方式来获取公众人物的私人谈话信息，而公众人物也应尽量配合新闻媒体的工作，让他们能履行职责，向公众告知其代表人物的所作所为；

（2）如果对于公众关注的事件中相关公众人物的采访、陈述或争议性报道是准确无误的，那就不应被视为侵犯个人隐私；对于公众人物来说，公共生活和个人隐私的界限相对模糊，因此公众人物对外界评论应有充分的心理准备；

（3）报纸批评官员是被允许的，因为官员的行为关系着公共利益，前提是批评他们并非为了宣泄私人恩怨；

（4）公众人物的家人不应被媒体曝光，当涉及未成年人时更是如此；如果因"公共利益"的需要采访未成年人，需事先征得其父母的同意；

（5）如果在公共平台自行曝光个人隐私，则应视为该人主动放弃其个人隐私权。

36. 渎职

（1）通过报纸专栏诽谤他人进行威胁从而敲诈勒索的行为严重践踏了新闻职业规范；

（2）报纸不应让记者参与收集广告；

（3）使用其他媒体机构的标题并拒绝采取纠正措施的行为违反新闻职业伦理和道德规范，应该受到谴责；

（4）发表的内容与投稿人提供的内容有实质上的不同的行为违反新闻职业伦理和道德规范。

37. 职业竞争

报纸专栏不得被滥用于由于商业竞争而对商业对手进行的私人攻讦。

38. 录音访谈和电话交谈

（1）新闻媒体不得在未经他人知情或同意的情况下私自对谈话内容进行录音，除非此举是保护记者行为合法性的重要证据或记者另有其他令人信服的理由；

（2）新闻媒体应在公开传播前，删除对话中出现的带有攻击性的绰号；

（3）报道必须给出政治领袖所做声明的背景，但不得自行赋予其含义。

39. 不同报道类别的一些具体规范

（a）关于精神疾病患者的报道

未经患者同意，媒体不得发布在精神卫生机构接受治疗的患者的照片或其他信息。

（b）关于自杀的报道

报纸和通讯社在报道自杀案件时，不得：

（1）在版面显著位置发布自杀案件报道，并过度重复此类故事；

（2）运用使自杀正常化或轰动化的语言，或将自杀呈现为对问题的建设性解决方案；

（3）明确描述自杀案件所使用的方法；

（4）提供自杀案件发生位置的详细信息；

（5）使用耸人听闻的标题；

（6）使用照片、视频片段或社交媒体链接。

（c）关于自然灾害的报道

（1）有关自然灾害或传染病的传播状况的事实和数据，须经过全面核实其真实的信息来源后，方得以不煽情、不夸大的方式进行发布；

（2）社会管理机制的疏漏可能使自然的或人为的危险演变成灾难；因此，这种灾害性的影响可以通过包括媒体在内的利益相关者以积极预防的方式降至最低；

（3）新闻媒体应该广泛宣传灾害发生时什么该做、什么不该做以及减灾的潜在益处，以便社会群体在灾难前、灾难中和灾难后遵从媒体的引导；民众应该知晓行动指南的详细内容；同时，媒体应审慎处理灾中和灾后与妇女儿童等弱势群体相关的问题；

（4）新闻媒体有必要同所有官方及非官方的组织保持全面合作；它们之间协调合作的程度，决定着灾难预防和灾难应对的效度。

40. 对立法进程的报道

报纸有如实报道国会和议会立法进程的职责；同时，报纸也不能因对任何民事或刑事庭审的进程性报道而受罚，除非该报道被证实出于恶意；但是，对于国会、立法议会或国家机关不对外公开的活动或信息，报纸则不应加以报道。

41. 答辩权

（1）对于因报道或评论受到责难的人以信件或便笺的形式寄给编辑部的回应、答复、情况说明或反驳意见，报纸应在第一时间免费地以全文或摘录的方式在显著的位置加以发表；如果编辑对该回应、答复、情况说明或反驳意见的真实性或准确性持有疑问，他/她有权在文后添加简短的"编者按"以质疑相关内容的准确性；但是，只有当编辑的质疑是建立在证据确凿无疑的基础上或编辑拥有其他佐证材料时，此种添加"编者按"进行质疑的行为才可取；此举属于只在少数情况下才能谨慎使用的特许权利；

（2）但是，当相关答复回应、情况说明或反驳意见是遵照新闻评议会的要求而发表时，报纸编辑也可以附加类似的编者按语；

（3）新闻发布会的媒体内容不得要求反驳权，因为报道会议内容与否属于编辑自由裁量权范围；

（4）媒体自由包括读者知晓任何与公共利益相关内容的权利；因此，编辑不得因个人判定所发布的内容为既定事实就拒绝发表相关的回复或反驳意见；属实与否应交由读者来进行判断，编辑不得理所当然地忽视读者的这一权利；

（5）新闻工作者要谨记，在任何调查中自身并非法官，应以个人无罪为原则指导报道行为，除非被指控的罪行有独立可靠的依据作为证明；因此，即使篇幅有限，媒体也要尽可能地揭露事实，使公众能在完整且准确事实的舆论引导下拥有独立观点；民主社会里媒体所享有的权利，可以自然而然地推导出读者对于任何具有重要性的公共问题享有知情权。

42. 隐私权

（1）新闻媒体不得侵犯他人的个人隐私，除非是出于更高的公共利益的需要，而非满足淫秽或病态的窥视欲望；但是，一旦相关信息成为公共事件，隐私权保护就不再有效，新闻媒体的相关评论也变得合法；对可能使女性蒙上污名的报道，应特别谨慎；注解：包括个人住址、家庭情况、宗教信仰、健康状况、性取向、个人生活乃至私生活在内的私人事务均属于"隐私"的范畴而受到保护，除非这些信息与公共利益相冲突；

（2）谨防身份指向性信息：当发表强奸、诱拐或绑架女性、性侵儿童的犯罪事件或发表涉及女性贞洁、生活作风以及个人隐私等问题的报道时，可能导致受害人身份泄露的姓名、照片以及其他与其身份相关的内容均不得公开；

（3）对于在性虐待、"强制婚姻"或非法结合的情况下所生的后代，不得进行身份指认或拍照；

（4）要避免拍摄人们处于悲痛中的画面；但是，记录事故或自然灾害中受害者的状态可能符合更大的公共利益；

（5）报纸不应对违反 1956 年《防止不道德行为法》（*Immoral Traffic Prevention Act*）的分类广告视而不见；

（6）新闻媒体应谨慎判断，不要披露涉事人员的真实姓名，以防影响其个人生活；

（7）发布与报道没有直接关系的人员地址，属于侵犯其隐私权；

（8）值班时间过后，发布在营房里休息的警员的照片，以证明他渎职，不仅侵犯他人隐私，也违反新闻伦理规范。

43.

（a）媒介审判

引言：

媒体和司法是民主体制的两个主要支柱和天然盟友，它们相互扶助并共同迈向实现民主这一目标。正当的法律程序所必要的相关措施应优先于言论自由。当公正审判和言论自由之间发生冲突时，应优先考虑公正审判，因为妨碍被告接受公平审判的任何妥协性行为都会造成巨大危害并损害司法系统。因此，媒体人应当接受必要的培训，知晓法院运作和诉讼程序相关的基本知识。

（1）在法院判定被告者有罪之前，被告人享有被推定为无罪的基本权利；

（2）报道不得诱使公众相信某个被报道的对象是案件共犯，因为这种行为会给警方的正当调查过程带来压力；

（3）基于小道消息报道官方机构对犯罪行为展开的调查将可能使真凶安全转移甚至逍遥法外；

（4）未核实假定犯罪证据的真实性而每天大力报道犯罪事件或对此进行评论并非明智之举；

（5）虽然媒体对处于调查阶段的刑事案件进行报道可能有助于调查迅速、公正地进行，但如果相关保密信息遭到披露，则可能妨碍或损害调查；因此，不能对调查过程中的所有细节进行不受限制的披露；

（6）不应对受害者、目击证人、犯罪嫌疑人和被告人进行过度报道，因为此举会导致对其隐私权的侵犯；

（7）报纸和其他媒体不应暴露目击证人的身份，因为这样的暴露会将目击证人置于被告人及其同伙以及调查机构的压力之下，并可能导致他们因屈从于压力而做出不公正的证词；

（8）犯罪嫌疑人的照片不应被公开，因为此举可能会在依据刑事诉讼条例而进行的"列队认人"（identification parades）环节造成影响；

（9）媒体不得自行审判或预言判决结果，因为此举会给法官、陪审团或目击证人施加不当的压力，也可能给诉讼的一方造成损害；

（10）对审判后或听证会的活动进行报道往往会包含审判决定等内容；当诉讼结论和审判决定之间存在时间差的时候，必须避免意在影响即将公布的判决结果的评论行为，包括对诉讼结论的评论以及对相关证据或争辩意见的讨论；

（11）媒体如果已对初审进行了报道，那么最好应进行跟踪报道，直到公布法院的最终判决结果。

（b）"突击圈套"的报道指南

（1）如果报纸打算对"突击圈套"（sting operations，即警方卧底）进行报道，那么它需要从相关行动者那里获取行动真实性的凭证；

（2）对于"突击圈套"各个行动阶段的情况必须进行实时记录；

（3）对于"突击圈套"的具体情况是否进行报道，由编辑在衡量其是否满足公共利益的需要和是否符合所有法律的要求后进行决定；

（4）印刷媒体在报道"突击圈套"的相关行动信息时，应充分考虑其潜在的读者，避免惊吓或冒犯到他们。

44. 未授权的新闻抄袭

（1）从其他报纸上抄录新闻信息并以原创方式发表在自己报纸上的行为，严重违背了新闻工作者的职业伦理标准；为了消除新闻抄袭的嫌疑，报纸在发表抄录性新闻时必须要交代消息来源；

（2）新闻特写和消息报道的地位是不一样的：在未经许可或未得到适当确认的情况下，不得抄录新闻特写的内容。

45. 不美化暴力

（1）对于恐怖袭击、社会矛盾和意外事故的摄影报道：当报道有关恐怖袭击或社会动乱的新闻时，新闻媒体要避免发表或播出血腥的场景或任何可能造成社会恐慌或激起公众狂热的图像；

（2）媒体机构及其工作者应该避免以在公众面前美化作恶者的死亡、行为和主张的方式来呈现暴力事件、武装抢劫和恐怖袭击活动；新闻媒体要避免发表美化罪犯及其犯罪行为的反社会性质的报道。

三　南非印刷和在线媒体的道德与行为准则[*]

南非新闻评议会和南非互动广告局采用了以下印刷和在线媒体（统称为"媒体"）准则。

前　言

媒体的存在是为了服务社会。媒体自由为塑造社会各种力量的独立审查提供了条件，对实现民主的承诺至关重要。它使公民能够对当今的问题做出明智的判断，南非宪法认为这一作用居于核心地位。

"权利法案"第 16 条规定：

1. 人人享有言论自由的权利，其中包括：

（a）新闻和其他媒体的自由；

（b）接收和传递信息或接受和传递想法的自由；

（c）艺术创作自由；

（d）学术自由和科学研究自由；

2. 条款 1 的权利不包括：

（a）宣传战争；

（b）煽动迫在眉睫的暴力；

（c）宣传基于种族、民族、性别或宗教的仇恨，构成煽动伤害的行为。

媒体努力为国家公民保管这些权利，他们与个人享有相同的权利和义务。每个人都有责任捍卫和维护这些权利，因为认识到了创造它们的斗争。媒体、公众和政府，他们都是民主国家的一部分。

媒体的工作始终受到公共利益的指导，公共利益被理解为公民的合法利益或对公民具有重要性的利益。

作为记者，我们致力于达到最高标准，保持信誉并获得公众的信任。

---

[*] 南非新闻评议会，https://presscouncil.org.za/Reports/View/press-code-2020-15，最后访问日期：2023 年 3 月 7 日。南非《印刷和在线媒体的道德与行为准则》最新版于 2020 年 1 月 1 日生效。

这意味着要始终追求真理，避免不必要的伤害，在报道中反映出多种声音，特别关注儿童和其他弱势群体，保持对读者和报道对象文化习俗的敏感性，并且独立行事。

《印刷和在线媒体的道德与行为准则》的适用

1. 本准则适用于成员公布的以下内容：

（1）以印刷版形式出版的所有内容；

（2）在成员经营的网站上发布的所有内容；

（3）在成员经营的社交媒体账户上发布的所有内容；

（4）由成员创建并在万维网（即在线）或数字格式的任何平台上发布的所有内容。

2. 任何成员通过第 1 条所述的在一个或多个平台发表的所有内容都必须符合本准则的规定，不论其内容是书面、视频、音频、图片还是任何其他形式。

3. 成员必须确保，当他们通过其社交媒体账户（例如通过转发）分享第三方创造的内容时，必须以符合本准则的方式。

4. 成员必须在本准则的指导下制定自己的社交媒体政策。

第 1 章：媒体生产的内容和活动

1. 新闻的收集和报道

媒体应当：

（1）注意真实、准确、公正地报道新闻；

（2）在新闻报道的语境中平衡报道，而不能歪曲、夸大、遗漏、概括不当，造成任何与真相背离的情况；

（3）仅提供可能合理的事实；意见、指控、传言或假设应如实陈述；

（4）合法、诚实和公平地获取新闻，除非公共利益另有要求；

（5）仅为新闻目的使用个人信息；

（6）表明自己的身份，除非公共利益或其安全性另有要求；

（7）在可行的情况下，核实可疑信息的准确性；如果没有核实，则应予以说明；

（8）在可行的情况下，在发布之前寻求批评报道主题的观点，除非这些意见可能被禁止报道，或证据被破坏、来源遭到恐吓，那么应该提供合理的回应时间；如果无法获得意见，则应予以说明；

（9）报道信息有局限应予以声明，并在获得新信息后对其进行补充；

（10）如果提供不准确的信息或评论，应及时并适当突出地在成员网站、社交媒体账户或任何其他在线平台等发布原始内容的每个平台上发布撤回、更正、解释或道歉；并确保其雇佣的每一位在其个人社交媒体账户上分享内容的记者或自由职业者在其个人社交媒体账户上也分享与该内容相关的任何撤回、更正、解释或道歉；

（11）突出标明网上发布的内容何时被修改或道歉或撤回；当原文章仍然存在时，须在每一版本的在线内容中都包括修正案、撤回或道歉的链接；

（12）没有义务删除任何不属于非法诽谤的文章；

（13）不能剽窃。

2. 独立性和利益冲突

（1）不允许商业、政治、个人或其他非专业因素影响报道，避免利益冲突以及可能导致读者怀疑媒体独立性和专业性的做法；

（2）不接受任何可能影响报道的利益支持；

（3）当外部组织捐助新闻经费后，要明确说明这一情况；

（4）保证新闻编辑内容与广告、赞助活动分离。

3. 隐私、尊严和声誉

（1）在涉及个人私生活的事项上要谨慎考虑；隐私权可能要让位于公共利益；

（2）应特别重视南非文化习俗，保护丧亲者的隐私和尊严，尊重逝者、儿童、老人和身心残疾人；

（3）在涉及尊严和声誉的事项上要谨慎思考，只有在符合公共利益和以下情况下之一时才可予以发表：

（a）报道的事实是真实的或基本属实；

（b）报道内容相当于受保护的评论，其根据的事实已被充分提及，真实或相对真实；

（c）报道内容是对法庭程序、议会程序或任何准司法法庭或法庭程序的公正和准确的报告；

（d）传播根据可接受的新闻行为原则编写的信息是合理的；

（e）报道内容是（或构成了）对申诉人作为当事方的争议进行准确公正的描述。

（4）不公布强奸幸存者、性暴力*（包括性恐吓和性骚扰）幸存者的身份，或在未经他们同意的情况下披露他们的艾滋病病毒感染/艾滋病状况，如果是儿童，则不公布他们的法定监护人或同样负责任的成年人以及儿童（考虑到儿童不断发展的能力），这既符合公共利益也符合儿童的最大利益。

*世界卫生组织除其他外，将性暴力定义如下："性暴力包括从口头骚扰到强迫进入的各种行为，以及一系列胁迫，从社会压力和恐吓到武力……"

4. 个人信息保护**

媒体应：

（1）采取合理措施确保其掌握的个人信息免遭滥用、丢失和未经授权的访问；

（2）确保他们收集的个人信息准确、合理、完整和不过时；

（3）采取措施核实其信息的准确性，必要时在有人要求更正其个人信息时对信息进行修改；

（4）仅披露一定的个人信息以识别被报道的人，因为某些信息（如地址）可能使其隐私和安全被他人侵犯；

（5）在有理由怀疑未经授权的人可能已获得媒体所持有的个人信息时，通知受影响的人士并采取合理措施以减轻任何不利影响。

**2013年第4号《个人信息保护法》第1节中对"个人信息"定义如下："个人信息"指可识别自然人的有关信息，并且在适用的情况下，可识别现有的法人，包括但不限于：

（a）种族、性别、怀孕、婚姻状况、国籍、民族或社会出身、肤色、性取向、年龄、身心健康情况、宗教、良心、信仰、文化、语言和人的出生等信息；

（b）与该人的教育、医疗、财务、刑事或工作经历有关的资料；

（c）任何识别号码、符号、电子邮件地址、实际地址、电话号码、位置信息、在线身份或对该人的其他特定标识；

（d）该人的生物识别信息；

（e）该人的个人意见、观点或偏好；

（f）该人发出的隐含或明确属于私人或机密性质的信件或进一步能揭示原始信件的内容；

（g）另一人对该人的意见或看法；

（h）如果该人的姓名与该人的其他个人资料一同出现，或者该名称的披露本身会泄露有关该人情况的信息。

5. 歧视和仇恨言论

媒体应：

（1）避免歧视或歧视性地提及人们的种族、性别、怀孕、婚姻状况、民族或社会出身、肤色、性取向、年龄、残疾、宗教、良心、信仰、文化、语言和出生或其他身份，不得在有偏见或贬义的情况下提及以上身份；只有在与所报道事项严格相关及符合公众利益的情况下，才可提及上述身份；

（2）报道和评论所有符合公共利益的事项时，平衡他们的权利和义务，不发布相当于宣传战争、煽动迫在眉睫的暴力或仇恨言论的材料——不得倡导基于种族、性别或宗教的仇恨，构成煽动造成伤害。

6. 宣传

媒体可以大力宣传自己对有争议的话题的看法，但必须明确区分事实和观点，不得歪曲、压制有关事实。

7. 受保护的评论

（1）媒体有权评论或批评任何与公共利益相关的行为或事件；

（2）评论或批评即使是极端的、不公正的、不平衡的、夸大的和有偏见的，只要没有恶意、符合公众利益、公平地考虑到所有真实或合理的实质性事实，并且以一种显然是评论的方式呈现，也是受到保护的。

8. 儿童

根据南非"权利法案"第 28 条的精神，媒体应：

（1）报道儿童时要特别小心和考虑*；如果报道可能对儿童造成任何形式的伤害，则未经法定监护人或同样负责任的成人和儿童（考虑到儿童不断发展的能力）的同意，不得对其进行面谈、拍照或鉴定；这显而易见是出于对公共利益的考虑；

（2）不发布儿童色情制品；**

（3）未经其法定监护人（或负有类似责任的成年人）和儿童（考虑到儿童不断发展的能力）的同意，不得公布遭受虐待或剥削的儿童，或者被指控犯罪或被定罪的儿童，这显然是出于对公共利益的考虑，也符合儿童的最佳利益。

*《南非共和国宪法》中的"权利法案"第 28 条第 2 点规定："儿童的最大利益在涉及儿童的每件事情中都至关重要。""儿童"是指未满 18 岁的人。

**儿童色情制品在《电影和出版物法》中被定义为："任何视觉形象或任何人的描述，无论真实的还是模拟的，无论如何创造，无论是谁或谁被描述为未满 18 岁，明确被描述为从事或参与性行为的人；露骨地展示生殖器官的；参与或协助他人参与性行为，从上下文中判断，其主要目的是刺激目标受众的性唤起，或以某种方式展示或描述身体或身体的某些部位，或在环境中构成性剥削的情况。"

9. 暴力图片内容

媒体应：

（1）在呈现残暴、暴力和痛苦内容时，应表现出应有的谨慎和责任；

（2）不允许提倡或美化暴力或非法行为；

（3）避免描述暴力犯罪或其他暴力或露骨性行为的内容，除非公共利益另有规定——在这种情况下，突出显示的警告必须表明此类内容是图形化的，不适合儿童等受众。

10. 标题、图片说明、海报、图片和视频/音频内容

（1）标题、图片和海报的标题不得误导公众，并应合理反映报道或图片的内容；

（2）图片和视频/音频内容不得歪曲或误导，也不得被操纵。

11. 机密和匿名消息来源

媒体应：

（1）保护机密信息来源——保护来源是民主自由社会的基本原则；

（2）除非没有其他方式处理报道，否则应避免使用匿名来源，并应

注意证实此类信息；

（3）除非公共利益另有规定，否则不得发布构成泄密的信息。

12．信息付费

媒体应避免向告密者支付报酬，诱使他们提供信息，特别是当他们是犯罪分子时——除非有关材料出于公共利益而出版，并且必须为此支付报酬。

第2章：用户生产的内容和活动*

13．原则

媒体：

（1）没有义务提前审核所有用户生产的内容（UGC）；

（2）应制定符合《南非共和国宪法》的用户生产内容政策，管理审核或删除用户生产内容或发布的用户资料；

（3）符合政策规定时可删除任何用户生产内容或用户资料；

（4）必须公开其政策并明确规定以下内容：

（a）在注册过程中，准用户必须遵守授权程序（如有），以及任何条款、条件和赔偿条款；

（b）被禁止的内容；

（c）公众以何种方式被告知他们被禁止的内容；

（d）在切实可行的情况下，应在平台上发布通知，以阻止发布违禁内容；

（5）应告知公众用户生产内容是由用户直接发布的，并不一定反映媒体的意见；

（6）应鼓励用户举报可能违反其政策规定的内容；

（7）应特别仔细地监控针对儿童的在线论坛。

14．被禁止的内容

违反用户生产内容政策的内容，违反本准则"歧视和仇恨言论"条第2部分的内容，属于被禁止的内容。

15．辩护

（1）对于媒体来说，证明他们没有创作或编辑被投诉的内容是一种辩护；

（2）但投诉人已向特定媒体发出书面通知，指明有关内容、发布的地点，并说明为何禁止该内容（见"被禁止的内容"条）。然后媒体必须：

（a）尽快删除相关的用户生产内容并通知相应投诉人；

（b）在后一种情况下，如果媒体决定不移除用户生产内容并通知相应投诉人，投诉人可向新闻监察委员会（Ombud）投诉，新闻监察委员会将此视为用户生产内容由该成员自己发布。

＊本部分适用于针对用户在所有平台上发布的评论和内容以及其分发内容的投诉。

四　澳大利亚新闻伦理准则[*]

澳大利亚新闻伦理准则包括四个文本，它们是《新闻一般准则的声明》《新闻隐私信条的声明》《采访病人的具体规范》《自杀报道的具体规范》。

新闻一般准则的声明

● 准确性和清晰度

1. 保证新闻报道中的事实性材料和其他材料准确，不带歧义；新闻报道应当与其他类型材料如评论区分开来；

2. 如果出版的内容有严重的错误或引起歧义，媒体应该进行更正或提供其他有效的补救办法。

● 公平与平衡

3. 保证事实材料的报道是公平的、全面的，并且作者的观点并非基于明显不准确的事实材料或关键事实的遗漏；

4. 如果新闻报道对某人不利，要确保在后续报道中为该人提供一个公平的机会进行辩护，以解决可能违反《新闻一般准则的声明》原则3的问题。

● 隐私和避免伤害

5. 应避免侵犯个人对隐私的合理期待，除非这么做完全是为了公共利益；

6. 应避免引起他人或极大地造成他人遭受实质性侵害、痛苦、偏见，或者给他人带来健康方面和安全方面的风险，除非这么做完全是为了公共利益。

● 诚信与透明

7. 应避免发布那些用欺骗或不正当手段获取的信息，除非这么做完

---

　　* 《新闻一般准则的声明》《新闻隐私信条的声明》《采访病人的具体规范》《自杀报道的具体规范》这四个新闻自律信条，均来自澳大利亚新闻评议会网站（http://www.presscouncil.org.au/statements-of-principles），摘录于2021年8月5日。

全是为了公共利益；

8. 应当避免利益冲突或者揭露利益冲突，并需要确保出版物不受此影响。

新闻隐私信条的声明

澳大利亚新闻评议会颁布了如下《新闻隐私信条的声明》。新闻评议会在就个别投诉提供意见或做出裁决时，除一般原则声明和具体标准外，亦适用私隐信条。

隐私信条一：个人信息的采集

（1）记者在获取个人信息时，不应过分侵犯个人隐私；应在采访过程中尊重涉及人的尊严和个人敏感的信息；

（2）根据新闻评议会《新闻一般准则的声明》第 7 条，媒体应采取合理措施避免出版以欺骗或不公平手段收集的材料，除非这样做充分符合公共利益；一般来说，记者应该这样规范自己，但有时记者和摄影师可能需要秘密行动来揭露犯罪、严重反社会的行为或其他涉及公共利益的事情；

（3）公众人物必须牺牲自己的隐私权，因为公众监督符合公众利益；然而，公众人物并不是完全丧失自己的隐私权；只有与他们的公共职责和活动相关时，才允许侵犯公众人物的隐私权。

隐私信条二：个人信息的使用与泄露

（1）记者和摄影师收集的个人信息应该只用于收集时所预期的目的；提供个人信息的人应该有合理的隐私期待，也就是提供的资料会被用于收集资料的目的；

（2）一些个人信息，比如地址或其他易被识别的信息，也许会使其他人侵犯新闻报道对象及其家人的隐私和安全；在合法和可行的范围内，媒体机构应该仅仅披露新闻中所必需的信息，以识别新闻中报道的人，从而规避侵犯他人隐私的风险。

隐私信条三：个人信息的质量

媒体机构应采取合理的措施来确保收集的个人信息是准确的、完整的和最新的。

隐私信条四：个人信息的安全

媒体机构应采取合理的措施来确保持有的个人信息受到保护，从而避免滥用、遗失或未经授权的访问。

隐私信条五：匿名信息来源

所有向媒体机构提供信息的人都有权要求匿名。不能透露匿名消息来源的身份，并且在合法和可行的情况下，媒体组织应确保其持有的来自此消息源的任何个人信息不会指明消息来源。

隐私信条六：更正、公平和平衡

（1）根据新闻评议会《新闻一般准则的声明》第 3 条，媒体机构应采取合理的步骤确保和《私隐信条的声明》一起提交的事实材料是公平和平衡的，而且作者表达观点不是基于非常不准确的事实材料或遗漏的关键事实；

（2）根据新闻评议会《新闻一般准则的声明》第 4 条，对损害某人的内容，对可能违反《新闻一般准则的声明》第 3 条的内容，媒体组织应采取合理措施，有必要进行解决，要为被损害者提供刊发答复的公平机会；

（3）根据新闻评议会《新闻一般准则的声明》第 2 条，媒体机构应该采取合理措施为自己发布的不准确的、误导性的个人信息进行补救；媒体机构也应该采取措施纠正其包含个人信息的任何记录，以避免重复出现有害的不准确信息。

隐私信条七：敏感性个人信息的处理

（1）根据新闻评议会《新闻一般准则的声明》第 6 条规定，媒体机构应采取合理措施避免引起他人或极大地造成他人遭受实质性侵害、痛苦、偏见，或者给他人带来健康方面和安全方面的风险，除非完全是为了公共利益；

（2）受害人或失去亲人的人有权在任何时候拒绝或中止采访或拍摄，新闻工作者不能利用这些被卷入有新闻价值事件中的人；

（3）除非法律或法院命令另有限制，法庭公开听证会的内容属于公共记录，媒体可以对其进行报道。此类报道必须公平和平衡，不能指认被指控或被判有罪的人的亲属或朋友，除非提到这些人是为了保证后续法律诉讼程序报道的完整、公正、准确。①

采访病人的具体规范

引　言

制定此规范是为了方便媒体和医院及护理机构的病人的接触，同时也可以确保尊重这些病人及其家属的健康、尊严和隐私。具体来说，该规范旨在：

防止不合理地将记者排除在医院之外；

促进记者和医院之间的合作；

防止记者与处于弱势地位的病人进行不当接触；

防止记者对其他病人和医院工作人员造成不合适的侵扰。

该规范适用于记者采访医院和其他护理机构的人员，但不适用于对其他人员的采访。新闻评议会的所有出版商成员都对恪守这些规范以及新闻评议会的其他实践标准做出了具有法律效力的承诺。

该规范是以新闻评议会的《新闻一般准则的声明》和《新闻隐私信条的声明》为基础的，即要求出版刊物按照合理的步骤达到以下标准：

避免侵犯个人对隐私的合理期待，除非这么做完全是为了公共利益（《新闻一般准则的声明》第 5 条）；

避免引起他人或极大地造成他人遭受实质性侵害、痛苦、偏见，或者给他人带来健康方面和安全方面的风险，除非这么做完全是为了公共利益（《新闻一般准则的声明》第 6 条）；

避免发布那些用欺骗或不正当手段获取的信息，除非这么做完全是为了公共利益（《新闻一般准则的声明》第 7 条）；

在采访过程中尊重涉及人的尊严和个人敏感的信息（《新闻隐私信条的声明》第 1 条）；

受害人或失去亲人的人有权在任何时候拒绝或中止采访或拍摄，新闻工作者不能利用这些被卷入有新闻价值事件的人（《新闻隐私信条的声

---

① *Statement of Privacy Principles*, http://www.presscouncil.org.au/uploads/52321/ufiles/GEN-ERAL_-_PRIVACY_PRINCIPLES_-_July_2014.pdf，摘录于 2021 年 12 月 15 日（该规范修订于 2021 年 8 月 5 日）。

明》第 7 条）。

规范的正文

（一）病人知情与同意

1. 在医院与病人进行任何接触之前，新闻工作者应获取病人的知情与同意。有以下情况之一，则不需要病人的知情与同意：

（1）该采访活动是在医院外面，为了让病人同意采访而进行的最初的交流；

（2）负责人确认记者已经得到了患者的知情同意；

（3）负责人已批准此类采访，但条件是在任何已发表的材料中不会辨识出病人的身份。

2. 新闻工作者有责任证实自己已获取病人的知情和同意，这可能是很难达到的，除非医生或其他专家关于此事的建议已经记录在案。

（二）访问病人的权限

1. 在对医院病患护理区的病人进行采访之前，记者必须向有关负责人出示身份证明和所在出版物证明来得到采访许可。然而，如果采访活动关系到重要的公共利益，并且在媒体高级编辑层面都同意该采访，那么没有获得授权许可的采访是被允许的。

2. 新闻工作者有责任证实其所声称的：

（1）他们从有资格授权的人那里获得进入医院采访的授权许可；

（2）他们已经将自己的身份以及进入医院采访的目的完全告诉医院发放授权许可的负责人。

3. 在医院允许探视病人的情况下，新闻工作者有理由认为病人所处的健康状态使其能够做出知情同意。然而在采访病人时，新闻工作者仍有必要解释希望从病人那里获得哪些信息并获得病人的知情与同意。

（三）中断对病人采访的情况

在以下任意一种情况下，记者应该立即停止采访。

1. 病人要求停止采访，或者授权负责人基于合理理由要求新闻工作者停止采访时。

2. 病人没有充分意识到采访所涉及的内容以及可能产生的后果。①

自杀报道的具体规范

引　言

《自杀报道的具体规范》中的标准是用来规范印刷媒体和网络媒体上关于自杀及其相关议题的报道的。这包括报道个人自杀或企图自杀的事件，也包括与自杀相关问题的评论和其他材料，如自杀的发生率、原因和影响。新闻评议会的所有出版商成员已经对这些标准以及新闻评议会的其他行业规范做出了具有法律约束力的承诺。

《自杀报道的具体规范》是建立在新闻评议会《新闻一般准则的声明》和《新闻隐私信条的声明》基础之上的，即要求出版物采取的合理措施有：

避免侵犯个人对隐私的合理期待，除非这么做完全是为了公共利益（《新闻一般准则的声明》第5条）；

避免引起他人或极大地造成他人遭受实质性侵害、痛苦、偏见，或者给他人带来健康方面和安全方面的风险，除非这么做完全是为了公共利益（《新闻一般准则的声明》第6条）；

只能为了公共利益搜集个人信息，不得过分侵犯个人隐私，在采访过程中尊重涉及人的尊严和个人敏感的信息（《新闻隐私信条的声明》第1条）；

受害人或失去亲人的人有权在任何时候拒绝或中止采访或拍摄，新闻工作者不能利用这些被陷入有新闻价值事件中的人（《新闻隐私信条的声明》第7条）。

规范的正文

（一）总报告和讨论

1. 关于自杀的总报告和评论将会对社会有重大益处。比如，它可能有助于提高公众对自杀原因和警告信号的认识，对有意自杀的人有阻止作

---

① *Specific Standards on Contacting Patients*，http://www. presscouncil. org. au/uploads/52321/ufiles/Contacting_ Patients_ -_ 23_ July_ 2014. pdf，摘录于2021年12月15日（该规范修订于2021年8月5日）。

用，给受影响的亲友带来安慰，或者进一步促进公共或私人行为，以防止自杀。

2. 在认真遵守下列标准的前提下，新闻评议会不希望阻止对此类自杀事件的报道。当报道可能被特别脆弱（例如，他们的年龄或者心理健康情况不理想）的受众阅读或看到，而且报道的自杀者是他们的同龄人或名人时，新闻工作者需要特别注意。

（二）报道个别案例

1. 在决定是否要报道个别自杀事件时，应当考虑是否满足下列标准中的至少一项：

（1）这位自杀者的亲戚或好友对采访报道给出了明确的知情与同意；

（2）报道自杀显然符合公共利益。

2. 在决定是否要报道自杀身亡者的身份时，应要考虑是否满足下列标准中的至少一项：

（1）这位自杀者的亲戚或好友对采访报道给出了明确的知情与同意；

（2）在报道中明确身份是为了公共利益。

（三）报道自杀的方法和地点

不应该详细描写自杀的方法和地点（例如，特定的药物或悬崖），除非这么做的公共利益明显超过了造成进一步自杀的风险，才可以这样做。这条规范对于那些考虑自杀却不知道方法和地点的人们有保护作用。

（四）责任和平衡

新闻工作者不应该以耸人听闻的手法报道自杀，不应该美化或污蔑自杀。新闻工作者不应该不当地指责自杀或与自杀有关联的人。但这一要求并不妨碍其负责任地描述或讨论自杀的影响，即使它们对人们、组织或社会是十分不利的。在适当情况下，应该指出其潜在的原因，如精神疾病这种原因。

（五）敏感性和适度原则

报道自杀不应该过分突出，特别是用不必要的标题或图片来突出。特别要注意，不能给自杀未遂者或者受自杀或自杀未遂影响的亲属和其他人造成不必要的伤害。这要求在采访和报道新闻中具有特别的敏感性和遵循适度原则。

（六）获取援助的来源

与自杀相关的出版材料应该与 24 小时应急服务中心的信息或其他部门的信息相符合。报道中的特殊信息也许根据报道的性质和周围环境的不同而有所不同。

五　英国编辑业务准则[*]

本准则——包括其引言部分以及其后涉及的与公共利益相关的免责条款，为认同独立新闻标准组织的成员单位设定了应当予以遵守和维持的最高专业标准。本准则是自主自我监管体系的基石，成员对这一体系已做出了具有约束力的承诺。本准则也平衡了个人权利和公众的知情权。

为了实现这个平衡，最关键的一点是本准则不仅在书面上被认可，而且还需要从业者从精神上予以完全的认同。对于本准则的理解，既不应过于狭隘从而将其局限为对个人权利的尊重，也不应过于宽泛从而认为它侵犯了言论自由的基本权利（如信息告知、党派性、讽刺批评以及娱乐休闲等，或为了公共利益禁止出版有关内容）。

编辑和出版商有责任将本准则应用于所有印刷类和网络版的编辑材料中，并且应注意确保所有的编辑人员和外部撰稿人均能遵守本准则，其中包括非记者人员。

编辑必须设计和维持能迅速解决投诉的内部程序，并在必要时与IPSO合作。如果某个出版物受到不利裁决，必须按照IPSO的要求对裁决内容进行全文公布，并在版面上予以适当凸显。

1. 准确性

（1）新闻媒体必须注意不出版不准确的、误导性的或者扭曲的信息或图像，也不得刊登与正文内容不相符合的标题；

（2）必须及时纠正所传播的非常不准确的、误导性的陈述或者歪曲的信息，并需要在合适的位置发表道歉声明；在涉及IPSO的情况下，则道歉应按监管方的具体要求来进行；

（3）当相关方提出合理要求时，应给予其一个公平的机会对重大错误做出答复；

（4）新闻媒体虽然可以自由发表社论和进行宣传，但必须清晰地区

＊ Editors' Code of Practice, https://www.ipso.co.uk/editors-code-of-practice/，最后访问日期：2021 年 8 月 11 日。本准则由编辑业务委员会制定，最新版于 2021 年 1 月 1 日生效。

分评论、猜想和事实；

（5）出版物必须公正、准确地报道其作为一方的诽谤诉讼的结果，除非商定的和解协议另有规定，或发表了商定的声明。

2. 隐私

（1）每个人有权被尊重其个人和家庭生活、身心健康和通信安全，包括数字通信；

（2）编辑们将被要求为在未经同意的情况下侵犯任何个人的私生活进行辩护；在考虑个人对隐私的合理期望时，将考虑投诉人自己对信息的公开披露，以及投诉材料已经公开或将公开的程度；

（3）未经个人同意，在对隐私有合理期望的公共或私人场所拍摄个人照片是不可接受的。

3. 骚扰

（1）新闻工作者不得进行恐吓、骚扰或持续的追踪调查；

（2）当采访对象要求终止采访时，记者不得继续询问、电话联系、进行追逐或者拍摄；当采访对象要求新闻工作者离开时，后者也不得继续在场或跟随；如果受访对象有要求，则新闻工作者必须如实表明自身身份以及所属媒体；

（3）编辑必须确保和他一起工作的人遵守这些原则，并注意不要使用从其他来源那里得到的不符合要求的材料。

4. 对个人不幸与令人震惊事件的报道

在涉及个人不幸或者令人震惊的事件中，媒体必须用同情、慎重的方法调查和对待相关方，且在公开报道时要谨慎。但这并不意味着限制媒体正常报道法律程序的权利。

5. 报道自杀

在报道自杀事件时，为了防止效仿行为，在考虑到媒体报道法律诉讼权利的同时应该注意避免对自杀方法进行过多的细节描述。

6. 儿童

（1）所有学生都应该在没有不必要干扰的情况下自由完成学业；

（2）没有得到校方的许可，不允许接近或拍摄学生；

（3）16 岁以下的儿童不能就涉及其自身或与其他孩子的健康、安全等相关的话题接受采访或拍照，除非得到监护人或类似负责的成年人的同意；

（4）16岁以下的儿童不能因涉及儿童健康、安全等的材料而获得报酬，家长和监护人也不能因他们的孩子的信息而获得报酬，除非在儿童利益方面写得很清楚；

（5）不得向16岁以下儿童支付涉及其福利的材料费用，也不得向父母或监护人支付有关其子女信息的费用，除非这显然符合儿童的利益；

（6）编辑不能用父母或监护人的姓名、名气或地位作为曝光儿童私生活细节的理由。

7. 性侵案件中的儿童

即使在法律允许的情况下，媒体也不得指认16岁以下儿童是性侵犯案件的受害者或目击者。

在任何涉及儿童的性侵犯报道时，应注意：

（1）不能透露儿童的身份；

（2）可以透露成年人的身份；

（3）"乱伦"一词不得用于可能识别儿童受害者的地方；

（4）必须注意不能在报道中暗示被告与儿童之间的关系。

8. 医院

（1）新闻工作者在进入医院或类似机构的非公共区域进行调查之前，必须证明自己的身份并获得主管人员的许可；

（2）在医院或类似的机构进行采访，不得在询问个人情况时侵犯他人隐私。

9. 犯罪报道

（1）未经罪犯或犯罪嫌疑人的亲戚、朋友的同意，不能透露这些亲戚、朋友的身份，除非他们真的与案件有关；

（2）对于处于潜在弱势的18岁以下的儿童应特别关照，他们可能是目击者或受害人；但这并不是限制新闻工作者报道法律诉讼程序的权利；

（3）编辑一般应避免在18岁以下的儿童因刑事犯罪被捕后、在他们出现在青少年法庭之前就说出他的名字，除非他们能证明该个人的姓名已经在公共领域公开或该个人（或者，如果他们未满16岁，监护父母或同样负责任的成年人）已经同意；这并没有限制在刑事法庭上公开未成年人姓名的权利，也没有限制未成年人的匿名性。

10. 隐蔽的设备和采访手段

（1）媒体不能使用以下方式获得信息：使用隐藏的摄像机或者秘密监听设备；或者拦截私人移动电话、短信、电子邮件；或者使用未授权的已删除的文件、照片；或者未经许可访问他人的数字私人信息；

（2）通常只有在为了公共利益并且无法通过其他手段获得信息时，才可以进行虚假陈述或者托词，包括通过代理人或中间人进行的虚假陈述或托词。

11. 性侵犯中的受害者

除非有足够的理由以及法律允许，否则媒体不能透露性侵犯案中受害者的信息，或者透露可以使受害者被辨识出的材料。记者有权进行调查，但必须小心谨慎，避免不公正地披露性侵犯受害者的身份。

12. 歧视

（1）媒体的报道涉及个人的种族、肤色、宗教、性别、性别认同、性取向或者任何身心疾病或残疾时，必须避免偏见或歧视；

（2）应该避免使用个人有关种族、肤色、宗教、性别认同、性取向或者任何身心的疾病或者残疾的细节，除非它们真正与报道相关。

13. 财经记者

（1）即使法律没有禁止，新闻工作者也不能用在出版之前的财经信息为自己牟利，也不能将这样的信息传递给他人；

（2）新闻工作者不得在未向编辑或财务编辑披露利益的情况下，就其知道的自己或其近亲有重大财务利益的股票或证券的表现进行写作；

（3）无论以直接的方式还是通过提名代理的方式，新闻工作者都不能够购买、出售他们已报道的或者准备报道的股票或者证券。

14. 秘密消息来源

记者在道德上有义务保护秘密消息来源。

15. 向刑事案件中的目击者支付酬金

（1）依据1981年《藐视法院法》，一旦诉讼程序启动，任何情况下都不应向证人（或合理预期将被传唤为证人的任何人）付款或提供付款；

这一禁令持续到犯罪嫌疑人被无条件释放或保释，或者诉讼中止，或者已经向法庭认罪，或者在不认罪的情况下，法院宣布判决结果时；

（2）当法律诉讼程序还没有启动但将来很可能会启动时，编辑不能支付报酬给任何可能会成为证人的人，除非这一相关信息是基于公共利益而需要被公开，且有必要支付或承诺支付相关费用；编辑需确认已采取一切合理措施，保证从证人那里所得到的信息是没有受经济利益影响的；在任何情况下，这种付款都不应以审判结果为条件；

（3）向后来被引证在诉讼中提供证据的人支付报酬，必须向控方和辩方披露；这一点必须告诉证人。

16. 向犯罪者付款

（1）不能为获得犯罪的故事、图片或信息且主要目的是寻求利用特定的罪犯来美化或赞美某一犯罪行为，而直接或通过代理人的方式向犯罪嫌疑人或他们的联系人（可能包括家人、朋友和同事）支付报酬；

（2）编辑使用公共利益来证明支付酬金的合理性时，需要呈现有说服力的理由来解释这样做是为了公共利益；如果不是为了公共利益，即使已经支付酬金，这些报道也不能出版。

附录：公共利益

以上条款可能有例外，这些例外与公共利益有关。

1. 本准则所指公共利益包括但不限于：

（1）发现或者揭露犯罪、犯罪威胁或严重不当行为；

（2）保护公众健康和安全；

（3）保护公众免于被个人或组织的行为或陈述误导；

（4）披露个人或组织未能或可能未能遵守其所承担的任何义务；

（5）揭露司法不公；

（6）促成或参与一些对于重要问题的公共辩论，如涉及公众的严重不正当行为、不道德行为或不作为的事件；

（7）揭露以上任何一种已经存在或可能存在的隐瞒行为。

2. 言论自由本身符合公众利益。

3. 监管者应该考虑和权衡相关信息已经在公共领域传播到了何种程度，或可能达到何种程度。

4. 编辑在援引公共利益条款时，需要提出理由证明某个出版行为或新闻活动确系为公众利益服务，且利大于弊，同时还需解释他们当时是如何达成这一决定的。

5. 通常情况下，16岁以下儿童的权益具有至高无上的优先价值。如果出于某种特殊的公共利益而需要对此权益进行超越，则需要提出明确的佐证。

参考文献

陈炳宏：《探讨广告商介入电视新闻产制之新闻广告化现象：兼论置入性营销与新闻专业自主》，《中华传播学刊》2005 年第 8 期。

陈楚洁、袁梦倩：《新闻社群的专业主义话语：一种边界工作的视角》，《新闻与传播研究》2014 年第 5 期。

陈海波：《美国新闻伦理研究》，南开大学出版社，2015。

陈绚、张文祥：《假新闻治理的路径革新》，《国际新闻界》2012 年第 12 期。

陈绚：《新闻传播伦理与法规教程》，中国人民大学出版社，2016。

操瑞青：《作为假设的"新闻真实"：新闻报道的"知识合法性"建构》，《国际新闻界》2017 年第 5 期。

崔清活：《从"真实的混乱"到"真实的虚构"——以气象报道为例对新闻真实的浅析》，《新闻记者》2012 年第 8 期。

崔乃文：《从"乌贾马"到"乌班图"：非洲新闻传播业的历史、现状和启示》，《传媒》2020 年第 14 期。

董庆文、贺鸣明：《伦理道德的十字路口：数字媒体的新挑战》，《河北大学学报》（哲学社会科学版）2015 年第 5 期。

党子奇：《技术伦理视角下智能新闻伦理哲学溯源与风险控制》，《中国出版》2021 年第 18 期。

甘丽华、〔美〕克利福德·克里斯琴斯：《全球媒介伦理及技术化时代的挑战——克利福德·克里斯琴斯学术访谈》，《新闻记者》2015 年第 7 期。

郭镇之：《公民参与时代的新闻专业主义与媒介伦理：中国的问题》，

《国际新闻界》2014 年第 6 期。

黄旦：《传者图像：新闻专业主义的建构与消解》，复旦大学出版社，2005。

黄富峰：《大众传媒伦理研究》，中国社会科学出版社，2009。

何怀宏：《底线伦理的概念、含义与方法》，《道德与文明》2010 年第 1 期。

胡迎花：《新闻记者社会责任的理论意蕴及现实困境》，《当代传播》2012 年第 3 期。

黄月琴：《象征资源"褶皱"与"游牧"的新闻专业主义：一种德勒兹主义的进路》，《国际新闻界》2015 年第 7 期。

戢斗勇：《儒家全球伦理》，甘肃人民出版社，2004。

纪莉、黄豫：《论国际传播中的全球新闻伦理的建构：思路与挑战》，《新闻大学》2014 年第 5 期。

蒋晓丽、李玮：《从"客体之真"到"符号之真"：论新闻求真的符号学转向》，《国际新闻界》2013 年第 6 期。

龙耘、赵春光：《中国媒介治理中的泛道德主义：成因与影响》，《现代传播中国传媒大学学报）》2013 年第 10 期。

罗国杰、钱逊、陈瑛主编《中国传统道德理论卷》，中国人民大学出版社，1995。

林晖、徐艺：《"准确"永远比"好看"更重要！——公司报道娱乐化的几个典型案例以及对策分析》，《新闻记者》2012 年第 3 期。

李蓓：《近三十年我国传媒伦理研究综述》，《当代传播》2011 年第 6 期。

李鲤：《虚拟世界主义：理论缘起与现实进路》，《现代传播（中国传媒大学学报）》2019 年第 6 期。

李鹏涛：《改革开放以来我国媒介伦理的研究及其反思》，《伦理学研究》2007 年第 5 期。

李艳红：《重塑专业还是远离专业？——从伦理和评价维度解析网络新闻业的职业模式》，《新闻记者》2013 年第 2 期。

李智：《对新闻事实的一种建构主义解读——兼对客观性新闻报道辩

正》，《现代传播（中国传媒大学学报）》2014 年第 11 期。

吕拉昌、黄茹主编《世界大都市的文化与发展》，华南理工大学出版社，2013。

刘自雄、任科：《现代性、后现代性与虚假新闻——关于虚假新闻几个基本理论问题的探讨》，《现代传播（中国传媒大学学报）》2012 年第 8 期。

宁丽丽：《新媒体时代的媒介伦理倡导与道德干预：对克利福德·G·克里斯琴斯的访谈》，《国际新闻界》2017 年第 10 期。

庞慧敏：《论媒体在平衡社会身份与社会公正中的作用——以"医患报道"为视角》，《现代传播（中国传媒大学学报）》2012 年第 4 期。

潘祥辉：《避免利益冲突：财经记者炒股的伦理与法理分析》，《新闻记者》2014 年第 10 期。

潘忠党、陆晔：《走向公共：新闻专业主义再出发》，《国际新闻界》2017 年第 10 期。

彭增军、陈刚：《全球化与新媒体背景下媒介伦理中的文化冲突》，《河北大学学报》（哲学社会科学版）2015 年第 5 期。

彭增军：《从把关人到公民新闻：媒介伦理的社会化》，《新闻记者》2017 年第 4 期。

彭增军：《因品质得专业：人人新闻时代新闻专业主义的重塑》，《新闻记者》2017 年第 11 期。

邱戈：《忠诚于公正：当代媒体报道的伦理原则》，《浙江大学学报》（人文社会科学版）2015 年第 1 期。

孙健：《民国时期学者对于新闻客观性的学理阐释》，《新闻记者》2014 年第 8 期。

单波：《面向跨文化关系：报道他者的可能性》，《新闻与写作》2020 年第 3 期。

单波：《全球媒介伦理的多重对话与多重实现——斯蒂芬·沃德（Stephen J. A. Ward）访谈录》，《跨文化传播研究》2021 年第 1 期。

单波、张洋：《记者角色的地方性实践与记者比较范式的跨文化重构》，《新闻与传播研究》2020 年第 4 期。

商娜红：《制度视野中的媒介伦理：职业主义与英美新闻自律》，山东人民出版社，2006。

史巍：《全球化语境中民族主义思潮的复兴及其模式》，《学术论坛》2020 年第 4 期。

唐佳梅：《全球新闻伦理的跨文化问题与重构》，《暨南学报》（哲学社会科学版）2016 年第 5 期。

汤一介：《孔子思想与"全球伦理"问题》，《中国哲学史》2000 年第 4 期。

吴飞：《新媒体革了新闻专业主义的命？——公民新闻运动与专业新闻人的责任》，《新闻记者》2013 年第 3 期。

吴飞、龙强：《新闻专业主义是媒体精英建构的乌托邦》，《新闻与传播研究》2017 年第 9 期。

吴飞、孔祥雯：《反思新闻专业主义》，《新闻记者》2017 年第 10 期。

王辉：《瞬间与无限：新闻真实的两种理解方式》，《国际新闻界》2012 年第 2 期。

王井：《地方新闻网站的社会责任及其评价探悉》，《现代传播（中国传媒大学学报）》2015 年第 7 期。

王金礼：《西方新闻自由思想的话语与逻辑：从思想自由到社会责任》，《南昌大学学报》（人文社会科学版）2015 年第 5 期。

万俊人：《寻求普世伦理》，北京大学出版社，2009。

王亦高、房建硕：《新闻职业精神再探究》，《现代传播（中国传媒大学学报）》2015 年第 8 期。

王毓莉：《台湾新闻媒体主管在置入性营销业配新闻中的双重角色探讨》，《国际新闻界》2013 年第 10 期。

魏永征：《对控辩双方予以平衡报道——评戴玉庆涉嫌受贿案的有关新闻》，《新闻界》2014 年第 14 期。

肖燕雄、李淑华：《共同体证成及规范表述——中国新闻职业道德准则中的"阐释"》，《国际新闻界》2017 年第 10 期。

燕道成、黄果：《否定与重构：媒介暴力的伦理批判》，知识产权出版社，2013。

杨保军：《新媒介环境下新闻真实论视野中的几个新问题》，《新闻记者》2014 年第 10 期。

杨凯：《再探新闻客观性起源》，《国际新闻界》2013 年第 1 期。

杨秀：《新闻媒体、记者权利保障视阈下新闻业监管规范的现状及问题反思——兼论设立新闻道德委员会的意义》，《国际新闻界》2014 年第 6 期。

袁新洁：《"文人论政"传统形成的原因及其主要表现》，《社会科学家》2010 年第 1 期。

赵宁：《关系本体论：儒家"仁"与西方关怀伦理》，《北京师范大学学报》（社会科学版）2020 年第 4 期。

郑保卫、李玉洁：《真实，一个被追求与被操纵的新闻观念：基于美国新闻史的考察》，《国际新闻界》2013 年第 5 期。

郑保卫、李玉洁：《美国新闻专业主义观念发展史的评述与反思》，《新闻与传播研究》2013 年第 8 期。

郑根成：《媒介载道——传媒伦理研究》，中央编译出版社，2009。

周俊：《试析我国新闻失范中的经济、教育和自我整合》，《现代传播（中国传媒大学学报）》2012 年第 5 期。

周俊、毛湛文：《规范的失范：基于历年〈中国新闻工作者职业道德准则〉的实证研究》，《国际新闻界》2013 年第 10 期。

周劲：《新闻专业主义的本土化探索》，《新闻大学》2013 年第 4 期。

张垒、刘旻：《职业理念够了吗：新闻专业主义话语的另面》，《新闻与传播研究》2015 年第 3 期。

周丽昀：《世界主义：全球伦理抑或涉身伦理?》，《湖南师范大学社会科学学报》2016 年第 4 期。

朱清河：《媒介"社会责任"的解构与重构》，《新闻大学》2013 年第 1 期。

张顺军：《我国新闻版权保护的利益平衡机制初探》，《当代传播》2013 年第 2 期。

张旺：《民族主义与现代性：冲突及其化解》，《教学与研究》2020 年第 7 期。

张咏华、贾楠:《传播伦理概念研究的中西方视野与数字化背景》,《新闻与传播研究》2016 年第 2 期。

张永义:《国际政治视域中的世界主义伦理观研究》,博士学位论文,中南大学,2010。

〔美〕查尔斯·艾斯:《全球网络的文化与交流:文化多元性,道德相对主义,以及一种全球伦理的希望》,华明译,《上海师范大学学报》(哲学社会科学版) 2006 年第 5 期。

〔加拿大〕查尔斯·琼斯:《全球正义:捍卫世界主义》,李丽丽译,重庆出版社,2014。

〔美〕克利福德·G.克里斯蒂安、马克·法克勒、金·B.罗特佐尔、凯西·布里顿·麦基:《媒介公正:道德伦理问题真的不证自明吗?》,蔡文美等译,华夏出版社,2004。

〔美〕克利福德·克里斯蒂安:《论全球媒体伦理:探求真相》,陈世华译,《北京大学学报》(哲学社会科学版) 2012 年第 6 期。

〔美〕克利福德·G.克里斯琴斯、马克·法克勒、凯西·布里坦·理查森、佩吉·J.克里谢尔、小罗伯特·H.伍兹:《媒介伦理:案例与道德推理》(第九版),孙有中、郭石磊、范雪竹译,中国人民大学出版社,2014。

〔美〕阿拉斯戴尔·麦金太尔:《追寻美德:道德理论研究》,宋继杰译,译林出版社,2008。

〔美〕菲利普·帕特森、李·威尔金斯:《媒介伦理学:问题与案例》(第八版),李青藜译,中国人民大学出版社,2018。

〔美〕科克-肖·谭:《没有国界的正义:世界主义、民族主义与爱国主义》,杨通进译,重庆出版社,2014。

〔英〕金伯莉·哈钦斯:《全球伦理》,杨彩霞译,中国青年出版社,2013。

〔新西兰〕吉莉安·布洛克:《全球正义:世界主义的视角》,王珀、丁祎译,重庆出版社,2014。

R. Audi, "Nationalism, patriotism, and cosmopolitanism in an age of globalization," the *Journal of Ethics* 13 (2009).

A. Al-Najjar, "Contesting patriotism and global journalism ethics in Arab journalism," *Journalism Studies* 12 (2011).

Tom Brislin, "Empowerment as a universal ethic in global journalism," *Journal of Mass Media Ethics* 19 (2004).

Gillian Brock, & Harry Brighouse, *The Political Philosophy of Cosmopolitanism* (Cambridge: Cambridge University Press, 2005).

Caldwell, "Proto-norms and global media ethics," *Communicatio* 40 (2014).

Taylor Charles, *Sources of the Self—The Making of the Modern Identity* (Cambridge: Harvard University Press, 1989).

C. Christians, & K. Nordenstreng, "Social responsibility worldwide," *Journal of Mass Media Ethics* 19 (2004).

Clifford G. Christians, "Ubuntu and communitarianism in media ethics: Research section," *Ecquid Novi* 25 (2004).

Clifford G. Christians, "Ethical theory in communications research," *Journalism Studies* 6 (2005).

Clifford G. Christians, Shakuntala Rao, Stephen J. A. Ward, & Herman Wasserman, "Toward a global media ethics: Theoretical perspectives," *Ecquid Novi: African Journalism Studies* 29 (2008).

Clifford G. Christians, "The ethics of being," in Stephen J. A. Ward, & Herman Wasserma, *Media Ethics beyond Border* (New York: Routledge, 2010).

Clifford G. Christians, "Universalism versus communitarianism in media ethics," in Robert S. Fortner, & P. Mark Fackler, *The Handbook of Global Communication and Media Ethics*, *Volume I*, *Volume II* (Oxford: Wiley-Blackwell, 2011).

Nick Clouldry, "Towards a framework for media producers and media consumers," in Stephen J. A. Ward, & Herman Wasserman, *Media Ethics beyond Border* (New York: Routledge, 2010).

Pieter J. Fourie, "Normative media theory in the digital media landscape: From media ethics to ethical communication," *Communicatio* 43 (2017).

Kai Hafez, "Journalism ethics revisited: A comparison of ethics codes in Europe, North Africa, the Middle East, and Muslim Asia," *Political Communication* 19 (2002).

Kai Hafez, "Global journalism for global governance? Theoretical visions, practical constraints," *Journalism* 12 (2011).

B. I. Hamada, "Towards a global journalism ethics model: An Islamic perspective," *The Journal of International Communication* 22 (2016).

R. Herrscher, "A universal code of journalism ethics: Problems, limitations, and proposals," *Journal of Mass Media Ethics* 17 (2002).

M. D. Hossain, & J. Aucoin, "The ethics of care as a universal framework for global journalism," *Journal of Media Ethics* 33 (2018).

H. Laluddin, "Conception of society and its characteristics from an Islamic perspective," *International Journal of Islamic Thought* 6 (2014).

K. A. Appiah, *Cosmopolitanism: Ethics in a World of Strangers* (New York: W. W. Norton & Company, 2006).

C. Meyers, "Universals without absolutes: A theory of media ethics," *Journal of Media Ethics* 31 (2016).

L. Pintak, "Islam, identity and professional values: A study of journalists in three Muslim-majority regions," *Journalism* 15 (2014).

Shakuntala Rao, & S. T. Lee, "Globalizing media ethics? An assessment of universal ethics among international political journalists," *Journal of Mass Media Ethics* 20 (2005).

Shakuntala Rao, & Herman Wasserman, "Global media ethics revisited: A postcolonial critique," *Global Media and Communication* 3 (2007).

K. G. Roberts, *The Limits of Cosmopolis: Ethics and Provinciality in the Dialogue of Cultures* (New York: Peter Lang, 2014).

M. Sobré - Denton, "Virtual intercultural bridgework: Social media, virtual cosmopolitanism, and activist community - building," *New Media & Society* 18 (2016).

L. Steiner, & C. M. Okrusch, "Care as a virtue for journalists," *Journal of Mass Media Ethics* 21 （2006）.

H. Strentz, "Universal ethical standards?" *Journal of Mass Media Ethics* 17 （2002）.

Katerina Tsetsura, & Chiara Valentini, "The 'Holy' triad in media ethics: A conceptual model for understanding global media ethics," *Public Relations Review* 42 （2016）.

Karin Wahl - Jorgensen, & Mervi Pantti, "Ethics of global disaster reporting," in Stephen J. A. Ward, *Global Media Ethics* （Oxford: Wiley - Blackwell, 2013）.

Stephen J. A. Ward, "Philosophical foundations for global journalism ethics," *Journal of Mass Media Ethics* 20 （2005）.

Stephen J. A. Ward, "Global journalism ethics: Widening the conceptual base," *Global Media Journal* 1 （2008）.

Stephen J. A. Ward, *Global Journalism Ethics* （Montreal and Kingston: McGill-Queen's University Press, 2010）.

Stephen J. A. Ward, *Ethics and the Media* （Cambridge: Cambridge University Press, 2011）.

Stephen J. A. Ward, "Ethical flourishing as aim of global media ethics," *Journalism Studies* 12 （2011）.

Stephen J. A. Ward, & Herman Wasserman, "Towards an open ethics: Implications of new media platforms for global ethics discourse," *Journal of Mass Media Ethics* 25 （2010）.

Stephen J. A. Ward, & Herman Wasserman, "Open ethics: Towards a global media ethics of listening," *Journalism Studies* 16 （2015）.

Stephen J. A. Ward, "Creating a space for global media ethics," *Creating a Space for Global Media Ethics* 2 （2016）.

H. Wasserman, "Professionalism and ethics: The need for a global perspective," *Journalism & Communication Monographs* 19 （2017）.

Lee Wilkins, & Clifford G. Christians, *The Handbook of Mass Media Ethics* （New York: Routledge, 2009）.

后　记

　　2018 年前后，我出版了两本专著《全球媒体伦理规范译评》和《全球主要国家媒体伦理规范》（双语版），主要介绍与评析全球 79 个国家、地区的百余篇媒体伦理规范。在此过程中，我对全球媒体伦理规范有了全景式的了解。后来，在阅读国外的新闻伦理规范时，我时常想：如果基于全球媒体伦理准则拟定新闻伦理规范文本，它将是什么样？基于中国传统伦理思想拟定的文本又会是什么样？是否会有共通的条文出现？共通性条文是否有助于中西方新闻伦理的对话？换言之，能被中外共同接受的、能有助于互相理解的新闻伦理规范应该是什么样的？

　　为了回答这些问题，也为了满足我的学术好奇心，我从全球新闻伦理规范的共通准则出发，结合已有的不同国家的新闻伦理规范，尝试拟定相应的新闻伦理规范文本；同时，基于中国传统伦理中的主要思想观念，尝试拟定相应的新闻伦理规范文本；然后将两个文本进行对比，从而希望发现那些中外共通的新闻伦理规范条文。沿着这样的思路，研究内容主要从以下两个层面展开：其一是基于全球视野的新闻伦理规范文本的建构，其二是作为伦理资源的中国传统伦理与新闻伦理规范文本的建构。这便构成了本书的主要内容。

　　在撰写本书的过程中，我得到了诸多师长、同学的帮助。

　　无论是全球诸多国家新闻伦理规范的查询与翻译，还是新闻伦理研究的梳理与分析，工作量都是巨大的，没有团队成员的帮助与参与，单靠个人力量是难以完成的。本书的每一章都有团队成员的参与，这些成员是这些章节的合作者。本书的合作者分别为华中科技大学新闻与信息传播学院的博士生毕璐健（第三章）、西安交通大学新闻与新媒体学院教师刘丹（第二章、第四章）和赵一菲（第六章），在此向她们表示诚挚的感谢，也正是她们积极主动的学习热情促使我不断前行。

2019年10月，在武汉大学媒体发展研究中心的邀请下，我向武汉大学新闻与信息传播学院师生汇报了自己关于"中西媒体伦理规范对话何以可能"的思考。感谢单波、肖珺和肖劲草老师，他们基于中西方传播观念与新闻理念的对比分析，为我的研究提供了宝贵建议，从而帮助我更好地完成第六章"中国传统伦理与新闻伦理规范的建构"。单波教授特别提出："当分析了媒体伦理规范文本上的异和同之后，还需要继续深入探讨的是这些文本上的规范在现实层面是如何呈现的，思考为什么这些文本会有诸多相同之处，这是一种伦理规范的移植现象，还是来自文化深处的影响。"这提醒着我，这一领域的后续研究需要回到现实情境、伦理情境中去深入地追根溯源。

本书部分内容已刊发于《新闻记者》《新闻与写作》《媒体融合新观察》等学术期刊上，在编辑刊发阶段，刘鹏、李嘉卓、罗莉等编辑给出了诸多建议，使现在的各个章节得以完善，感谢他们的帮助。本研究作为国家社会科学基金项目"新媒体环境下中国参与建构全球媒介伦理的路径研究"的结项成果，在结项时被评定为"良好"，感谢立项和结项时匿名专家的认可与肯定。中国新闻史学会媒介法规与伦理研究委员会每年召开数次关于媒介伦理的学术研讨会，我从各位老师的研究中获益颇多，感谢顾理平会长和学会的各位老师。

本书作为"2019年度华中科技大学文科学术著作出版资助"项目"全球媒介伦理的建构：基于东西方的经验"的最终成果，得到了学校的支持。根据《华中科技大学优秀青年教师培养计划实施办法》，本研究得到"华中科技大学优秀青年教师培养计划"的支持。

最后，特别感谢华中科技大学新闻与信息传播学院的领导及各位老师。学院一直尊重不同的研究兴趣，并给予相应的支持，这使老师们可以互相鼓励、不断探索，使我们在学术理想国中获得想象的自由与实践的快乐。

牛　静

2023年7月25日于美国纽约州威廉斯维尔市

图书在版编目（CIP）数据

新闻伦理规范的建构：基于中外的经验 / 牛静著
. -- 北京：社会科学文献出版社，2024.2（2025.1 重印）
（喻园新闻传播学者论丛）
ISBN 978-7-5228-2290-7

Ⅰ.①新… Ⅱ.①牛… Ⅲ.①新闻学-伦理学-研究
Ⅳ.①G210-05

中国国家版本馆 CIP 数据核字（2024）第 019549 号

喻园新闻传播学者论丛
新闻伦理规范的建构：基于中外的经验

著　者 / 牛　静

出 版 人 / 冀祥德
责任编辑 / 周　琼
文稿编辑 / 张静阳
责任印制 / 王京美

出　　　版 / 社会科学文献出版社·马克思主义分社（010）59367126
　　　　　　 地址：北京市北三环中路甲 29 号院华龙大厦　邮编：100029
　　　　　　 网址：www.ssap.com.cn
发　　　行 / 社会科学文献出版社（010）59367028
印　　　装 / 唐山玺诚印务有限公司

规　　　格 / 开　本：787mm×1092mm　1/16
　　　　　　 印　张：13.25　字　数：209 千字
版　　　次 / 2024 年 2 月第 1 版　2025 年 1 月第 2 次印刷
书　　　号 / ISBN 978-7-5228-2290-7
定　　　价 / 85.00 元

读者服务电话：4008918866